Kagekunstens Mesterværker

En Verden af Lækre Kager fra Grundopskrifter til Eksperimenter

Emma Smagspalet

Indeks

Glasur glasur 12

Kaffe glasur 12

Citronglasur 13

Orange glasur 13

Rum Glace Glaze 14

Vanilje frosting 14

Kogt chokolade frosting 15

Chokolade og kokosfyld 15

Fondant fyld 16

Sød flødeostfyld 16

Amerikansk fløjlsglasur 16

Smørcreme frosting 17

Karamel glasur 18

Citronglasur 18

Kaffe smør frosting 19

Mrs. Baltimore Frosting 20

Hvid glasur 21

Cremet hvid frosting 21

Hvid luftig creme 21

Brun farin frosting 23

Vaniljesmør Delight 24

Vaniljecreme 25

Flødefyld 26

Dansk flødefyld 27

Rigt dansk cremefyld 28

fløde creme 29

Toppet med ingefærcreme 30

Citronfyld 31

Chokolade frosting 32

Frugt glasur 33

Orange frugt kage frosting 33

Mandelmarengs firkant 34

Englen falder 35

Mandelskiver 36

Bakewell Tarteletter 37

Chokoladekage med sommerfugle 39

Kokos desserter 40

Søde cupcakes 41

Kaffe kager 42

Eccles kager 43

Fairy desserter 44

Prinsesse kager 45

Genuasiske fantasier 46

Makaroni med mandler 47

Kokos pasta 48

Pasta med lime 49

Havregrynspasta 50

Madeleine 51

Marcipan kage 52

muffin 53

Æble muffins 54

Bananmuffins 55

Ribsmuffins 56

Amerikanske blåbærmuffins 57

Muffins med kirsebær 58

Chokolade muffins 59

Chokolade muffins 60

Kanel muffins 61

Majsmelsmuffins 62

Fuldkornsmuffins med figner 63

Frugt- og klidmuffins 64

Havregryn muffins 65

Muffins og frugt med havregryn 66

Orange muffins 67

Ferskenmuffins 68

Jordnøddesmør muffins 69

Ananas muffins 70

Hindbær muffins 71

Hindbær citronmuffins 72

Rosin muffins 73

Melasse muffins 74

Melasse og havregrynsmuffins 75

Havregryn toast 76

Jordbærsvamp 77

Pebermyntekager 77

Rosin desserter 79

Rosin krøller 80

Brune ris og solsikke kager 81

Stenkager 82

Sukkerfri stenkager 83

Slik med safran 84

Far med rom 85

Spanien 87

Chokolade svampekage 88

Sommer snebolde 88

Svampedråber 90

Grundlæggende marengs 91

Mandelmarengs 92

Spanske mandelmarengs cookies 93

Søde marengskurve 94

Mandelchips 95

Mandel og citron spansk marengs 96

Chokoladedækkede marengs 97

Chokolade mynte marengs 98

Chokolade og valnøddemarengs 99

Hasselnøddemarengs 100

Valnøddemarengslagkage 101

Hasselnød maretto skiver 103

Læg lag med marengs og valnødder 104

Marengsbjerge 106

Hindbærmarengscreme 107

Ratafia slik 108

Vacherin karamel 109

Simple scones 110

Æggerige sko 111

Æble scones 112
Æble og kokos scones 113
Æbler og dadelstrimler 114
Byg scener 115
Jordbær kokos kage 116
Brunt sukker og bananbarer 118
Solsikkenøddestænger 119
Kaffe Firkanter 120
Karamelbakke 121
Abrikos cheesecake 122
Avocado cheesecake 124
Banan cheesecake 125
Nem caribisk ostekage 126
Kirsebærkage med kirsebær 127
Kokos og abrikos cheesecake 128
Blåbær cheesecake 129
Ingefær cheesecake 130
Ingefær og citron cheesecake 131
Cheesecake med hasselnødder og honning 132
Ostekage med vindruer og ingefær 133
Let lemon curd 135
Citron og granola cheesecake 137
Cheesecake med ost 138
Cheesecake med citron og valnødder 139
Key lime cheesecake 141
San Clemente Cheesecake 142
Påske 142

Simpel ananas cheesecake ... 144

Ananas cheesecake ... 145

Ostekage med rosiner ... 146

Hindbær cheesecake ... 147

Siciliansk cheesecake ... 148

Yoghurt cheesecake med glasur ... 149

Jordbær cheesecake ... 151

Cheesecake og Sultana Raki ... 152

Bagt cheesecake ... 153

Bagte ostebarer ... 154

Amerikansk Cheesecake ... 155

Hollandsk bagt æbleostkage ... 155

Ostekage med abrikoser og ristede hasselnødder ... 157

Bagt abrikos og appelsin cheesecake ... 158

ricotta og abrikos cheesecake ... 160

Boston cheesecake ... 161

Bagt caribisk ostekage ... 162

Bagt chokolade cheesecake ... 164

Chokolade og valnødde cheesecake ... 165

tysk cheesecake ... 166

Cheesecake med Irish cream likør ... 168

Amerikansk citron- og valnøddeostkage ... 170

Orange cheesecake ... 171

Ricotta cheesecake ... 172

Bagt ost og hytteost med cremefraichebelægning ... 174

Let bagt cheesecake med sultanas ... 176

Letbagt vanilje cheesecake ... 177

Bagt hvid chokolade cheesecake 178

Hvid chokolade hasselnødde cheesecake 179

Hvid chokolade wafer cheesecake 181

DANSK 182

Nudler med olie 183

Rig mørdej 184

Amerikansk sandkage 185

Makaroni og ost 186

Choux wienerbrød 187

Dej med smør 188

Gennemse 189

Tyk frugt 190

Pâté Sucree 191

Choux flødekugler 192

Mandarin blomst 193

Chokolade eclairs 194

Profiteroles 195

Bagværk med mandler og ferskner 197

Små æblekager 198

Cremede desserter 199

Feuilleté 200

Kager fyldt med ricotta 201

Nøddepuster 202

dansk wienerbrød 203

Dansk kringle 204

Dansk wienerbrødsfletninger 206

Mandelkage 207

Svampetærtebund 208

Mandelkage 209

Det attende århundrede æble- og appelsinkage 210

Tysk æbletærte 211

Honning æbletærte 212

Æbletærte og fars 214

Æble og sultana kage 215

Abrikos Kokos Marengstærte 216

Bakewell kage 217

Glasur glasur

Gør nok til at dække en 20 cm/8 tommer kage

100 g/4 oz/2/3 kop pulveriseret (konditorsukker), sigtet

25–30 ml/1½–2 spsk vand

Et par dråber madfarve (valgfrit)

Hæld sukkeret i en skål og tilsæt vandet lidt ad gangen, indtil du får en glat glasur. Farv med et par dråber madfarve, hvis det ønskes. Glasuren bliver uigennemsigtig, når den smøres på kolde kager eller gennemsigtig, når den smøres på varme kager.

Kaffe glasur

Gør nok til at dække en 20 cm/8 tommer kage

100 g/4 oz/2/3 kop pulveriseret (konditorsukker), sigtet

25–30 ml/1½–2 tsk meget stærk sort kaffe

Hæld sukkeret i en skål og tilsæt kaffen lidt ad gangen, indtil du får en glat glasur.

Citronglasur

Gør nok til at dække en 20 cm/8 tommer kage

100 g/4 oz/2/3 kop pulveriseret (konditorsukker), sigtet

25–30 ml/1½–2 spsk citronsaft

Finrevet skal af 1 citron

Hæld sukkeret i en skål og tilsæt citronsaft og -skal lidt ad gangen, indtil du får en glat glasur.

Orange glasur

Gør nok til at dække en 20 cm/8 tommer kage

100 g/4 oz/2/3 kop pulveriseret (konditorsukker), sigtet

25–30 ml/1½–2 spsk appelsinjuice

Finrevet skal af 1 appelsin

Kom sukkeret i en skål og tilsæt appelsinsaft og -skal lidt ad gangen, indtil du får en glat glasur.

Rum Glace Glaze

Gør nok til at dække en 20 cm/8 tommer kage

100 g/4 oz/2/3 kop pulveriseret (konditorsukker), sigtet

25–30 ml/1½–2 spsk rom

Hæld sukkeret i en skål og tilsæt gradvist rommen, indtil du får en glat glasur.

Vanilje frosting

Gør nok til at dække en 20 cm/8 tommer kage

100 g/4 oz/2/3 kop pulveriseret (konditorsukker), sigtet

25 ml/1½ spsk vand

Et par dråber vaniljeessens (ekstrakt)

Hæld sukkeret i en skål og tilsæt vand og vaniljeessens lidt efter lidt, indtil du får en glat glasur.

Kogt chokolade frosting

Lav nok til at dække en 23cm/9

275 g/10 oz/1¼ kopper pulveriseret sukker (meget fint)

100 g/4 oz/1 kop mørk chokolade (halvsød)

50 g/2 oz/¼ kop kakao (usødet chokolade) pulver

120 ml/4 ml oz/½ kop vand

Bring alle ingredienser i kog, under omrøring, indtil de er godt blandet. Kog over medium varme indtil 108°C/220°F, eller når der dannes en lang snor, når den trækkes mellem to teskefulde. Hæld i en stor skål og pisk til det er tykt og blankt.

Chokolade og kokosfyld

Lav nok til at dække en 23cm/9

175 g/6 oz/1½ kopper mørk chokolade (halvsød)

90 ml/6 spsk kogende vand

225 g/8 oz/2 kopper tørret kokosnød (revet)

Kombiner chokoladen og vandet i en blender eller foodprocessor, tilsæt derefter kokos og blend, indtil det er glat. Dryp over almindelige kager, mens de stadig er varme.

Fondant fyld

Lav nok til at dække en 23cm/9

50 g/2 oz/¼ kop smør eller margarine

45 ml/3 skeer kakao (sukkerfri chokolade).

60 ml/4 skeer mælk

425 g/15 oz/2½ kopper pulveriseret sukker (konfekture), sigtet

5 ml/1 tsk vaniljeessens (ekstrakt)

Smelt smør eller margarine i en gryde, og tilsæt derefter kakao og mælk. Bring det i kog, under konstant omrøring, og tag derefter af varmen. Bland gradvist sukker og vaniljeessens i og pisk til en jævn masse.

Sød flødeostfyld

Gør nok til at dække en 30 cm/12 tommer kage

100 g/4 oz/½ kop flødeost

25 g/1 oz/2 spsk smør eller margarine, blødgjort

350 g/12 oz/2 kopper granuleret (konfekture) sukker, sigtet

5 ml/1 tsk vaniljeessens (ekstrakt)

30 ml/2 spsk ren honning (valgfrit)

Pisk flødeost og smør eller margarine sammen, til det er let og luftigt. Pisk gradvist sukker og vaniljeessens i, indtil det er glat. Sød eventuelt med lidt honning.

Amerikansk fløjlsglasur

Lav nok til at dække to 23cm/9

175 g/6 oz/1½ kopper mørk chokolade (halvsød)

120 ml/4 ml oz/½ kop creme fraiche

5 ml/1 tsk vaniljeessens (ekstrakt)

En knivspids salt

400 g/14 oz/21/3 kopper granuleret (konditorsukker), sigtet

Smelt chokoladen i en varmefast skål over en gryde med kogende vand. Tag af varmen og bland fløde, vaniljeessens og salt, pisk gradvist sukkeret, indtil det bliver en homogen masse.

Smørcreme frosting

Lav nok til at dække en 23cm/9

50 g/2 oz/¼ kop smør eller margarine, blødgjort

250 g/1½ kopper granuleret (konfekture) sukker, sigtet

5 ml/1 tsk vaniljeessens (ekstrakt)

30 ml/2 spsk enkelt creme (let)

Pisk smør eller margarine, indtil det er blødt, og pisk derefter gradvist sukker, vaniljeessens og fløde i, indtil det er glat og cremet.

Karamel glasur

Lav nok til at fylde og dække en 23 cm/9

100 g/4 oz/½ kop smør eller margarine

225 g/8 oz/1 kop blødt brun farin

60 ml/4 skeer mælk

350 g/12 oz/2 kopper granuleret (konfekture) sukker, sigtet

Smelt smør eller margarine og sukker ved lav varme under konstant omrøring, indtil det er blandet. Tilsæt mælken og bring det i kog. Fjern fra varmen og lad afkøle. Pisk flormelis i, indtil du får en overtrukket konsistens.

Citronglasur

Lav nok til at dække en 23cm/9

25 g/1 oz/2 spsk smør eller margarine

5 ml/1 spsk revet citronskal

30 ml/2 spsk citronsaft

250 g/1½ kopper granuleret (konfekture) sukker, sigtet

Pisk smør eller margarine og citronskal sammen til det er let og luftigt. Pisk gradvist citronsaft og sukker i, indtil det er glat.

Kaffe smør frosting

Lav nok til at fylde og dække en 23 cm/9

1 æggehvide

75 g/3 oz/1/3 kop smør eller margarine, blødgjort

30 ml/2 skeer varm mælk

5 ml/1 tsk vaniljeessens (ekstrakt)

15 ml/1 skefuld instant kaffebønner

En knivspids salt

350 g/12 oz/2 kopper flormelis (til konditorer), sigtet

Pisk æggehvider, smør eller margarine, varm mælk, vaniljeessens, kaffe og salt sammen. Bland gradvist pulveriseret sukker i, indtil det er glat.

Mrs. Baltimore Frosting

Lav nok til at fylde og dække en 23 cm/9

50 g/2 oz/1/3 kop rosiner, hakket

50 g/2 oz/¼ kop kirsebær (kandiserede), hakket

50 g/2 oz/½ kop pekannødder, hakkede

25 g/1 oz/3 spsk tørrede figner, hakkede

2 æggehvider

350 g/12 oz/1½ kopper strøsukker (meget fint)

En klat creme af tatar

75 ml/5 spsk koldt vand

En knivspids salt

5 ml/1 tsk vaniljeessens (ekstrakt)

Bland rosiner, kirsebær, valnødder og figner sammen. Pisk æggehvider, sukker, fløde tatar, vand og salt i en varmefast skål over en gryde med kogende vand i ca. 5 minutter, indtil der dannes stive toppe. Tag det af varmen og bland vaniljeessensen i. Bland frugten i en tredjedel af cremen og brug den til at fylde kagen med, og fordel derefter resten udover kagens top og sider.

Hvid glasur

Lav nok til at dække en 23cm/9

225 g/8 oz/1 kop granuleret sukker

1 æggehvide

30 ml/2 spsk vand

15 ml/1 spsk gylden sirup (lys majs)

Pisk sukker, æggehvide og vand i en varmefast skål over en gryde med kogende vand. Fortsæt med at piske i op til 10 minutter, indtil blandingen tykner og danner stive toppe. Tag den af varmen og tilsæt siruppen. Fortsæt med at piske indtil du får en smørbar konsistens.

Cremet hvid frosting

Lav nok til at fylde og dække en 23 cm/9

75 ml/5 spsk enkelt creme (let)

5 ml/1 tsk vaniljeessens (ekstrakt)

75 g/3 oz/1/3 kop flødeost

10 ml/2 spsk blødgjort smør eller margarine

En knivspids salt

350 g/12 oz/2 kopper granuleret (konfekture) sukker, sigtet

Bland fløde, vaniljeessens, flødeost, smør eller margarine og salt til det er glat. Arbejd gradvist i pulveriseret sukker indtil glat.

Hvid luftig creme

Lav nok til at fylde og dække en 23 cm/9

2 æggehvider

350 g/12 oz/1½ kopper strøsukker (meget fint)

En klat creme af tatar

75 ml/5 spsk koldt vand

En knivspids salt

5 ml/1 tsk vaniljeessens (ekstrakt)

Pisk æggehvider, sukker, fløde tatar, vand og salt i en varmefast skål over en gryde med kogende vand i cirka 5 minutter, indtil der dannes stive toppe. Tag af varmen og rør vaniljeessensen i. Brug den til at fordele kagen sammen, og fordel derefter resten over toppen og siderne af kagen.

Brun farin frosting

Lav nok til at dække en 23cm/9

225 g/8 oz/1 kop blødt brun farin

1 æggehvide

30 ml/2 spsk vand

5 ml/1 tsk vaniljeessens (ekstrakt)

Pisk sukker, æggehvide og vand i en varmefast skål over en gryde med kogende vand. Fortsæt med at piske i op til 10 minutter, indtil blandingen tykner og danner stive toppe. Tag af varmen og tilsæt vaniljeessens. Fortsæt med at piske indtil du får en smørbar konsistens.

Vaniljesmør Delight

Lav nok til at fylde og dække en 23 cm/9

1 æggehvide

75 g/3 oz/1/3 kop smør eller margarine, blødgjort

30 ml/2 skeer varm mælk

5 ml/1 tsk vaniljeessens (ekstrakt)

En knivspids salt

350 g/12 oz/2 kopper flormelis (til konditorer), sigtet

Pisk æggehvider, smør eller margarine, varm mælk, vaniljeessens og salt. Bland gradvist pulveriseret sukker i, indtil det er glat.

Vaniljecreme

Giver 600ml/1pt/2½ kopper

100 g/4 oz/½ kop strøsukker (meget fint)

50 g/2 oz/¼ kop majsstivelse (majsstivelse)

4 æggeblommer

600ml/1pt/2½ kopper mælk

1 vaniljestang (butik)

Flormelis (slik), siet, til tørring

Pisk halvdelen af sukkeret med majsstivelse og æggeblommer, indtil det er godt blandet. Kog det resterende sukker og mælk op med vaniljestangen. Pisk sukkerblandingen ud i den varme mælk, bring derefter i kog, under konstant omrøring, og kog i 3 minutter, indtil den er tyk. Hæld i en skål, drys med flormelis for at forhindre, at der dannes et skind, og lad det køle af. Bland igen før brug.

Flødefyld

Lav nok til at fylde en 23cm/9

325 ml/11 ml oz/11/3 kopper mælk

45 ml/3 spsk majsstivelse (majsstivelse)

60 g/2½ oz/1/3 kop pulveriseret sukker (meget fint)

1 æg

15 ml/1 spsk smør eller margarine

5 ml/1 tsk vaniljeessens (ekstrakt)

Bland 30ml/2 spsk mælk med majsmel, sukker og æg. Bring den resterende mælk til lige under kogepunktet i en lille gryde. Hæld gradvist den varme mælk i æggeblandingen. Skyl gryden, og kom derefter blandingen tilbage i gryden og rør ved svag varme, indtil den tykner. Tilsæt smør eller margarine og vaniljeessens. Dæk den med smurt bagepapir (vokset) og lad den køle af.

Dansk flødefyld

Til 750 ml/1¼ pt/3 kopper

2 æg

50 g/2 oz/¼ kop pulveriseret sukker (meget fint)

50 g/2 oz/½ kop mel (alle formål)

600ml/1pt/2½ kopper mælk

vaniljestang

Pisk æg og sukker til det er tykt. Tilsæt melet gradvist. Bring mælk og vanilje i kog. Fjern vaniljestangen og rør mælken i æggeblandingen. Vend tilbage til gryden og lad det simre forsigtigt i 2 til 3 minutter under konstant omrøring. Lad afkøle før brug.

Rigt dansk cremefyld

Til 750 ml/1¼ pt/3 kopper

4 æggeblommer

30 ml/2 spsk perlesukker

25 ml/1½ spsk mel (alle formål)

10 ml/2 skeer kartoffelstivelse

450 ml/¾ pt/2 kopper enkelt creme (let)

Et par dråber vaniljeessens (ekstrakt)

150 ml/¼ pt/2/3 kop dobbelt (tung) fløde, pisket

Kom æggeblommer, sukker, mel og fløde i en gryde. Pisk over medium varme, indtil blandingen begynder at tykne. Tilsæt vaniljeessens og lad afkøle. Tilsæt flødeskum.

fløde creme

Til 300 ml/½ pt/1¼ kop

2 æg, adskilt

45 ml/3 spsk majsstivelse (majsstivelse)

300 ml/½ pt/1¼ kop mælk

Et par dråber vaniljeessens (ekstrakt)

50 g/2 oz/¼ kop pulveriseret sukker (meget fint)

Bland æggeblommer, majsstivelse og mælk i en gryde, indtil det er godt blandet. Bring i kog ved middel varme og kog i 2 minutter under konstant omrøring. Tilsæt vaniljeessens og lad afkøle.

Pisk æggehviderne stive, tilsæt derefter halvdelen af sukkeret og pisk igen, indtil der dannes stive toppe. Tilsæt resten af sukkeret. Hæld flødeblandingen i og stil på køl indtil den skal bruges.

Toppet med ingefærcreme

Lav nok til at fylde en 23cm/9

100 g/4 oz/½ kop smør eller margarine, blødgjort

450 g/1 pund/22/3 kopper pulveriseret (konditorsukker), sigtet

5 ml/1 tsk ingefærpulver

30 ml/2 skeer mælk

75 g/3 oz/¼ kop sort sirup (melasse)

Pisk smør eller margarine med sukker og ingefær til det er let og cremet. Rør gradvist mælk og melasse i, indtil det er glat og smørbart. Er fyldet for tyndt tilsættes lidt sukker.

Citronfyld

Til 250 ml/8 floz/1 kop

100 g/4 oz/½ kop strøsukker (meget fint)

30 ml/2 spsk majsstivelse (majsstivelse)

60 ml/4 spsk citronsaft

15 ml/1 spsk revet citronskal

120 ml/4 ml oz/½ kop vand

En knivspids salt

15 ml/1 spsk smør eller margarine

Kom alle ingredienser undtagen smør eller margarine i en lille gryde ved svag varme og rør forsigtigt, indtil det er godt blandet. Bring i kog og kog i 1 minut. Hæld smør eller margarine i og lad det køle af. Afkøl før brug.

Chokolade frosting

Gør nok til at froste en 25 cm/10/10 kage

50 g/2 oz/½ kop mørk (halvsød) chokolade, hakket

50 g/2 oz/¼ kop smør eller margarine

2,5 ml/½ tsk vaniljeessens (ekstrakt)

75 ml/5 spsk kogende vand

350 g/12 oz/2 kopper granuleret (konfekture) sukker, sigtet

Blend alle ingredienser i en blender eller foodprocessor, indtil det er glat, knus ingredienserne efter behov. Brug med det samme.

Frugt glasur

Gør nok til at froste en 25 cm/10/10 kage

75 ml/5 spsk gylden sirup (lys majs)

60 ml/4 spsk ananas- eller appelsinjuice

Hæld sirup og bouillon i en gryde og bring det i kog. Fjern fra varmen og fordel blandingen over toppen og siderne af en afkølet kage. Lad det stivne. Sæt glasuren i kog og fordel endnu et lag over kagen.

Orange frugt kage frosting

Gør nok til at froste en 25 cm/10/10 kage

50 g/2 oz/¼ kop pulveriseret sukker (meget fint)

30 ml/2 spsk appelsinjuice

10 ml/2 tsk revet appelsinskal

Kom ingredienserne i en gryde og bring det i kog under konstant omrøring. Fjern fra varmen og fordel blandingen over toppen og siderne af en afkølet kage. Lad det stivne. Sæt glasuren i kog og fordel endnu et lag over kagen.

Mandelmarengs firkant

siden 12

225 g/8 oz mørdej

60 ml/4 spsk hindbærsyltetøj (på dåse)

2 æggehvider

50 g/2 oz/½ kop malede mandler

100 g/4 oz/½ kop strøsukker (meget fint)

Et par dråber mandelessens (ekstrakt)

25 g/1 oz/¼ kop skårne mandler

Rul dejen (dejen) ud og beklæd en smurt 30 x 20 cm/12 x 8 gryde i en schweizerrulleform (geléform). Smøres med marmelade. Pisk æggehviderne stive, og vend derefter forsigtigt de malede mandler, sukker og mandelessens i. Fordel marmeladen ovenpå og drys med de flåede mandler. Bages i en forvarmet ovn ved 180°C/350°F/gas 4 i 45 minutter, indtil de er gyldenbrune og sprøde. Lad afkøle, og skær derefter i firkanter.

Englen falder

siden den 24

50 g/2 oz/¼ kop smør eller margarine, blødgjort

50 g/2 oz/¼ kop spæk (afkortning)

100 g/4 oz/½ kop strøsukker (meget fint)

1 lille æg, pisket

Et par dråber vaniljeessens (ekstrakt)

175 g/6 oz/1½ kopper selvhævende mel (selvhævende)

45 ml/3 spiseskefulde havregryn

50 g/2 oz/¼ kop glacekirsebær (sødet), halveret

Pisk smør eller margarine, spæk og sukker let og luftigt. Pisk æg og vaniljeessens i, tilsæt derefter melet og ælt til du får en stiv dej. Skær dem i små kugler og rul dem i havregrynene. Anret dem godt på en smurt (kage)bakke og pynt hver med et kirsebær. Bages i en forvarmet ovn ved 180°C/350°F/gas 4 i 20 minutter, indtil de er faste. Lad afkøle på pladen.

Mandelskiver

siden 12

100 g/4 oz/½ kop smør eller margarine

225 g/8 oz/2 kopper almindeligt mel (alle formål)

5 ml/1 tsk bagepulver

50 g/2 oz/¼ kop pulveriseret sukker (meget fint)

1 delt æg

75 ml/5 spsk hindbærsyltetøj (på dåse)

100 g/4 oz/2/3 kop pulveriseret (konditorsukker), sigtet

100 g/4 oz/1 kop skårne mandler

Gnid smør eller margarine ind i mel og bagepulver, indtil de ligner brødkrummer. Tilsæt sukker, tilsæt derefter æggeblommen og ælt til du får en stiv dej. På en let meldrysset overflade rulles ud til en smurt 30 x 20 cm/12 x 8 gelérulleform. Pres forsigtigt ned i formen og løft en smule i kanterne af dejen, så der bliver en kant. Smøres med marmelade. Pisk æggehviderne stive, og tilsæt derefter flormelis gradvist. Fordel marmeladen ovenpå og drys med mandler. Bages i en forvarmet ovn ved 160°C/325°F/gas 3 i 1 time, indtil den er gyldenbrun og netop stivnet. Lad afkøle i gryden i 5 minutter,

Bakewell Tarteletter

siden den 24

Til kagerne:

25 g/1 oz/2 spsk spæk (fedt)

25 g/1 oz/2 spsk smør eller margarine

100 g/4 oz/1 kop mel (alle formål))

En knivspids salt

30 ml/2 spsk vand

45 ml/3 spsk hindbærsyltetøj (på dåse)

Til fyldet:

50 g/2 oz/¼ kop smør eller margarine, blødgjort

50 g/2 oz/¼ kop pulveriseret sukker (meget fint)

1 let pisket æg

25 g/1 oz/¼ kop selvhævende mel (selvhævende)

25 g/1 oz/¼ kop malede mandler

Et par dråber mandelessens (ekstrakt)

For at lave dejen skal du gnide fedtet og smørret eller margarinen ind i melet og saltet, indtil blandingen ligner brødkrummer. Bland i nok vand til at lave en glat pasta. Rul tyndt ud på en let meldrysset overflade, skær i 7,5 cm/3 cirkler og beklæd halvdelen af to smurte pander (frikadeller). Fyld med marmelade.

For at lave fyldet, pisk smør eller margarine og sukker sammen, vend derefter gradvist ægget i, tilsæt mel, malede mandler og mandelessens. Hæld blandingen i tærterne, og forsegl kanterne på dejen, så marmeladen er helt dækket. Bages i en forvarmet ovn ved 180°C/350°F/gas 4 i 20 minutter, indtil de er gyldenbrune.

Chokoladekage med sommerfugle

Gør omkring 12 kager

Til desserterne:

100 g/4 oz/½ kop smør eller margarine, blødgjort

100 g/4 oz/½ kop strøsukker (meget fint)

2 let pisket æg

100 g/4 oz/1 kop selvhævende mel (selvhævende)

30 ml/2 skeer kakao (sukkerfri chokolade).

En knivspids salt

30 ml/2 spsk kold mælk

Til cremen (glasuren):

50 g/2 oz/¼ kop smør eller margarine, blødgjort

100 g/4 oz/2/3 kop pulveriseret (konditorsukker), sigtet

10 ml/2 skeer varm mælk

For at lave kagerne, pisk smør eller margarine og sukker sammen, indtil det er blødt og luftigt. Tilsæt gradvist æggene, skiftevis med mel, kakao og salt, og tilsæt derefter mælken for at opnå en jævn blanding. Hæld i papirkager (kagepapir) eller smurte donutforme (frikadelleforme) og bag dem i en forvarmet ovn ved 190°/375°F/gasmærke 5 i 15-20 minutter, indtil de er gylden og elastisk farve at røre ved. Lad det køle af. Skær toppen af kagerne vandret, og skær derefter toppen i halve lodret for at skabe sommerfuglens "vinger".

For at lave frostingen, pisk smør eller margarine, indtil det er luftigt, og pisk derefter flormelis i halvvejs. Hæld mælken i og derefter det resterende sukker. Fordel flødeblandingen mellem kagerne, og tryk derefter "vingerne" ind i toppen af kagerne i det ene hjørne.

Kokos desserter

siden 12

100 g/4 oz mørdej

50 g/2 oz/¼ kop smør eller margarine, blødgjort

50 g/2 oz/¼ kop pulveriseret sukker (meget fint)

1 sammenpisket æg

25 g/1 oz/2 spsk rismel

50 g/2 oz/½ kop tørret kokosnød (revet)

1,5 ml/¼ teskefuld bagepulver

60 ml/4 spsk chokolade

Rul mørdejen (pastaen) ud og brug den til at beklæde siderne af en tærteform (kagefade). Pisk smør eller margarine og sukker sammen, pisk derefter æg og rismel sammen, tilsæt kokos og gær, læg en teskefuld chokolade til at fordele i bunden af hver bageform (kageskal). Hæld kokosblandingen over og bag i en forvarmet ovn ved 200°C/400°F/gas 6 i 15 minutter, indtil den er gyldenbrun.

Søde cupcakes

siden den 15

100 g/4 oz/½ kop smør eller margarine, blødgjort

225 g/8 oz/1 kop pulveriseret sukker (meget fint)

2 æg

5 ml/1 tsk vaniljeessens (ekstrakt)

175 g/6 oz/1½ kopper selvhævende mel (selvhævende)

5 ml/1 tsk bagepulver

En knivspids salt

75 ml/5 skeer mælk

Pisk smør eller margarine og sukker let og luftigt. Tilsæt gradvist æg og vaniljeessens, pisk godt efter hver tilsætning. Tilsæt mel, bagepulver og salt skiftevis med mælken, pisk godt. Hæld blandingen i en papirform og bag den i en forvarmet ovn ved 190°C/375°F/gas 5 i 20 minutter, indtil en tandstik indsat i midten kommer ren ud.

Kaffe kager

siden 12

Til desserterne:
100 g/4 oz/½ kop smør eller margarine, blødgjort

100 g/4 oz/½ kop strøsukker (meget fint)

2 let pisket æg

100 g/4 oz/1 kop selvhævende mel (selvhævende)

10 ml/2 tsk kaffeessens (ekstrakt)

Til cremen (glasuren):
50 g/2 oz/¼ kop smør eller margarine, blødgjort

100 g/4 oz/2/3 kop pulveriseret (konditorsukker), sigtet

Et par dråber kaffeessens (ekstrakt)

100 g/4 oz/1 kop chokoladechips

For at lave kagerne, pisk smør eller margarine og sukker sammen, indtil det er blødt og luftigt. Pisk gradvist æggene i, og tilsæt derefter mel og kaffeessens. Hæld blandingen på bagepapir (kageforme) placeret i en tærteform (kageform) og bag i en forvarmet ovn ved 180°C / 350°F / gasmærke 4 i 20 minutter, indtil den er godt hævet og bliver elastisk at røre ved. Lad det køle af.

For at lave cremen, pisk smør eller margarine, indtil det er luftigt, og tilsæt derefter flormelis og kaffeessens. Fordel på overfladen af kagerne og pynt med chokoladechips.

Eccles kager

siden 16

50 g/2 oz/¼ kop smør eller margarine

50 g/2 oz/¼ kop blødt brun farin

225 g/8 oz/11/3 kopper rosiner

450g/1lb butterdej eller butterdej

Lidt mælk

45 ml/3 spsk rørsukker (meget fint)

Smelt smør eller margarine og brun farin ved svag varme, bland godt. Fjern fra varmen og tilsæt rosiner. Lad køle lidt af. Rul dejen (makaroni) ud på en meldrysset overflade og skær den i 16 cirkler. Fordel fyldblandingen mellem cirklerne, fold derefter kanterne ind mod midten, pensl med vand for at forsegle kanterne. Vend kagerne og åbn dem lidt med en pandekage, så de bliver lidt flade. Skær tre slidser i toppen af hver, pensl med mælk og drys med sukker. Anbring på en smurt kageplade og bag i en forvarmet ovn ved 200°C/400°F/gasmærke 6 i 20 minutter, indtil den er gyldenbrun.

Fairy desserter

Det er omkring 12

100 g/4 oz/½ kop smør eller margarine, blødgjort

100 g/4 oz/½ kop strøsukker (meget fint)

2 let pisket æg

100 g/4 oz/1 kop selvhævende mel (selvhævende)

En knivspids salt

30 ml/2 skeer mælk

Et par dråber vaniljeessens (ekstrakt)

Pisk smør eller margarine med sukker, indtil det er blødt og luftigt. Bland gradvist æggene, skiftevis med mel og salt, og tilsæt derefter mælk og vaniljeessens, indtil blandingen bliver homogen. Hæld i smurte cupcake liners eller ramekins og bag i en forvarmet ovn ved 190°C/375°F/gasmærke 5 i 15-20 minutter, indtil de er godt hævet og fjedrende at røre ved.

Prinsesse kager

siden 12

50 g/2 oz/¼ kop smør eller margarine, blødgjort

50 g/2 oz/¼ kop pulveriseret sukker (meget fint)

1 æg

50 g/2 oz/½ kop selvhævende mel (selvhævende)

100 g/4 oz/2/3 kop pulveriseret sukker (konfekture)

15 ml/1 spsk varmt vand

Et par dråber madfarve

Pisk smør eller margarine og sukker let og luftigt. Pisk gradvist ægget i, og bland derefter melet i. Fordel blandingen i 12 papiretuier (kagepapir) placeret i doughnut-kopper (pander). Bages i en forvarmet ovn ved 160°C/325°F/gas 3 i 15-20 minutter, indtil de er brune og fjedrende at røre ved. Lad det køle af.

Bland pulveriseret sukker og varmt vand. Farv en tredjedel af frostingen med madfarve efter eget valg. Fordel den hvide creme over kagerne. Fordel den farvede frosting i striber på tværs af kagen, og tegn derefter en top vinkelret på striberne, først på den ene side, så den anden, for at skabe et bølget mønster. Lad det stivne.

Genuasiske fantasier

siden 12

3 let pisket æg

75 g/3 oz/1/3 kop granuleret sukker (meget fint)

75 g/3 oz/¾ kop selvhævende mel (selvhævende)

Et par dråber vaniljeessens (ekstrakt)

25 g/1 oz/2 spsk smør eller margarine, smeltet og afkølet

60 ml/4 spsk abrikosmarmelade (på dåse), siet (sigtet)

60 ml/4 spsk vand

225 g/8 oz/11/3 kopper pulveriseret sukker (konfekture), sigtet

Et par dråber pink og blå madfarve (valgfrit)

Kage dekoration

Læg æg og sukker i en varmefast skål over en gryde med kogende vand. Pisk indtil blandingen trækker sig væk fra piskeriset. Sigt mel og vaniljeessens, derefter smør eller margarine, hæld blandingen i en smurt 30 x 20 cm/12 x 8 Swiss-rulleform (geléform) og bag i en forvarmet ovn ved 190°C /375. °F/gas mærke 5 i 30 minutter. Lad afkøle, og skær derefter i forme. Varm marmeladen op med 30 ml/2 spsk vand og pensl over kagerne.

Sigt pulveriseret sukker i en skål. Hvis du vil lave glasuren (glasuren) i forskellige farver, skal du skille dem i separate beholdere og lave et hul i midten af hver enkelt. Tilsæt gradvist et par dråber farve og det resterende vand for at blande, indtil du har en ret tyk glasur. Fordel over kager og pynt som ønsket.

Makaroni med mandler

siden 16

Rispapir

100 g/4 oz/½ kop strøsukker (meget fint)

50 g/2 oz/½ kop malede mandler

5 ml/1 spsk stødt ris

Et par dråber mandelessens (ekstrakt)

1 æggehvide

8 halverede flåede mandler

Beklæd en bageplade (småkage) med rispapir. Bland alle ingredienserne, undtagen de blancherede mandler, til en stiv pasta og pisk godt. Læg skefulde af blandingen i gryden (kiks) og pynt hver enkelt med en halv mandel. Bages i en forvarmet ovn ved 150°C/325°F/gas 3 i 25 minutter. Lad dem køle af på en bageplade, og klip eller riv dem så rundt for at frigøre dem fra rispapiret.

Kokos pasta

siden 16

2 æggehvider

150 g/5 oz/2/3 kop strøsukker (meget fint)

150 g/5 oz/1¼ kopper tørret kokosnød (revet)

Rispapir

8 glaserede (kandiserede) kirsebær, halveret

Pisk æggehviderne stive. Pisk sukkeret i, indtil blandingen danner stive toppe. Tilsæt kokos, læg rispapiret på en bageplade (småkage) og hæld blandingen ud på bagepladen. Læg et halvt kirsebær ovenpå hver. Bages i en forvarmet ovn ved 160°C/325°F/gas 3 i 30 minutter, indtil de er faste. Lad afkøle på rispapiret, og klip eller riv derefter hver enkelt for at frigøre det fra rispapiret.

Pasta med lime

siden 12

100 g/4 oz mørdej

60 ml/4 spsk limemarmelade

2 æggehvider

50 g/2 oz/¼ kop pulveriseret sukker (meget fint)

25 g/1 oz/¼ kop malede mandler

10 ml/2 spsk malet ris

5 ml/1 tsk appelsinblomstvand

Rul mørdejen (pastaen) ud og brug den til at beklæde siderne af en tærteform (kagefade). Læg en teskefuld marmelade i hver pande (kageskall). Pisk æggehviderne stive. Pisk sukkeret stift og blankt. Vend med mandler, ris og appelsinblomstvand og hæld i forme, der dækker marmeladen helt. Bages i en forvarmet ovn ved 180°C/350°F/gas 4 i 30 minutter, indtil de er gyldenbrune.

Havregrynspasta

siden den 24

175 g/6 oz/1½ kop havregryn

175 g/6 oz/¾ kop muscovadosukker

120 ml/4 ml oz/½ kop olie

1 æg

2,5 ml/½ tsk salt

2,5 ml/½ tsk mandelessens (ekstrakt)

Bland havre, sukker og olie og lad det stå i 1 time. Hæld æg, salt og mandelessens i. Læg skefulde af blandingen på en smurt (kage)bakke og bag i en forvarmet ovn ved 160°C/325°F/gasmærke 3 i 20 minutter, indtil den er gyldenbrun.

Madeleine

siden 9

100 g/4 oz/½ kop smør eller margarine, blødgjort

100 g/4 oz/½ kop strøsukker (meget fint)

2 let pisket æg

100 g/4 oz/1 kop selvhævende mel (selvhævende)

175 g/6 oz/½ kop jordbær- eller hindbærsyltetøj (på dåse)

60 ml/4 spsk vand

50 g/2 oz/½ kop tørret kokosnød (revet)

5 glaserede (kandiserede) kirsebær, halveret

Pisk smør eller margarine, indtil det er blødt og luftigt, og pisk derefter sukkeret i, indtil det er blødt og luftigt. Pisk gradvist æggene, bland derefter melet i, hæld i ni ramekins smurt med dariolesmør (slotebudding) og anret dem på en bageplade (kiks). Bages i en forvarmet ovn ved 190°C/375°F/gas 5 i 20 minutter, indtil de er gyldenbrune. Afkøl i ramekins i 5 minutter, og flyt derefter over på en rist for at afslutte afkøling.

Skær toppen af hver kage til en flad bund. Si (filtrer) marmeladen og bring i en lille gryde i kog med vandet under omrøring, indtil det er godt blandet. Fordel kokosnødden på et stort stykke vokset (vokset) papir. Stik en tandstik i bunden af den første kage, fordel syltetøjsglasuren, og pak den derefter ind i kokos, indtil den er dækket. Læg på et serveringsfad. Gentag med de resterende kager. Pynt med halvglaserede kirsebær.

Marcipan kage

Det er omkring 12

450 g/1 pund/4 kopper malede mandler

100 g/4 oz/2/3 kop pulveriseret (konditorsukker), sigtet

100 g/4 oz/½ kop strøsukker (meget fint)

30 ml/2 spsk vand

3 æggehvider

Til cremen (glasuren):
100 g/4 oz/2/3 kop pulveriseret (konditorsukker), sigtet

1 æggehvide

2,5 ml/½ teskefuld eddike

Bland alle kageingredienserne i en pande og varm forsigtigt op under omrøring indtil blandingen har absorberet al væsken. Fjern fra varmen og lad afkøle. Rul ud på en let meldrysset overflade til 1 cm/½ tykkelse og skær i 3 cm/1½ strimler. Skær i 5 cm/2 længder, læg på en smurt kageplade og bag i en forvarmet ovn ved 150°C/300°F/gasmærke 2 i 20 minutter, indtil toppen er lysebrun. Lad det køle af.

For at lave glasuren skal du gradvist blande æggehvider og eddike i pulveriseret sukker, indtil du har en glat, tyk glasur. Hæld glasuren over kagerne.

muffin

siden 12

225 g/8 oz/2 kopper almindeligt mel (alle formål)

100 g/4 oz/½ kop strøsukker (meget fint)

10 ml/2 tsk bagepulver

2,5 ml/½ tsk salt

1 let pisket æg

250 ml/8 ml oz/1 kop mælk

120 ml/4 ml oz/½ kop olie

Bland mel, sukker, bagepulver og salt og lav en fordybning i midten. Bland de resterende ingredienser sammen og rør i de tørre ingredienser, indtil de er blandet. Bland ikke for meget. Hæld i muffinskopper (papir) eller smurte kopper (bakke) og bag dem i en forvarmet ovn ved 200°C/400°F/gasmærke 6 i 20 minutter, indtil de er gyldenbrune og fjedrende at røre ved.

Æble muffins

siden 12

225 g/8 oz/2 kopper almindeligt mel (alle formål)

100 g/4 oz/½ kop strøsukker (meget fint)

10 ml/2 tsk bagepulver

2,5 ml/½ tsk salt

1 let pisket æg

250 ml/8 ml oz/1 kop mælk

120 ml/4 ml oz/½ kop olie

2 spiste æbler (dessert), skrællet, udkernet og skåret i skiver

Bland mel, sukker, bagepulver og salt og lav en fordybning i midten. Bland de resterende ingredienser sammen og rør i de tørre ingredienser, indtil de er blandet. Bland ikke for meget. Hæld i muffinskopper (papir) eller smurte kopper (bakke) og bag dem i en forvarmet ovn ved 200°C/400°F/gasmærke 6 i 20 minutter, indtil de er gyldenbrune og fjedrende at røre ved.

Bananmuffins

siden 12

225 g/8 oz/2 kopper almindeligt mel (alle formål)

100 g/4 oz/½ kop strøsukker (meget fint)

10 ml/2 tsk bagepulver

2,5 ml/½ tsk salt

1 let pisket æg

250 ml/8 ml oz/1 kop mælk

120 ml/4 ml oz/½ kop olie

2 bananer, revet

Bland mel, sukker, bagepulver og salt og lav en fordybning i midten. Bland de resterende ingredienser sammen og rør i de tørre ingredienser, indtil de er blandet. Bland ikke for meget. Hæld i muffinskopper (papir) eller smurte kopper (bakke) og bag dem i en forvarmet ovn ved 200°C/400°F/gasmærke 6 i 20 minutter, indtil de er gyldenbrune og fjedrende at røre ved.

Ribsmuffins

siden 12

225 g/8 oz/2 kopper selvhævende mel (selvhævende)

75 g/3 oz/1/3 kop granuleret sukker (meget fint)

2 æggehvider

75 g/3 oz solbær

200 ml / 7 ml oz / lille 1 kop mælk

30 ml/2 spsk olie

Bland mel og sukker sammen. Pisk æggehviderne let, og vend dem derefter i de tørre ingredienser. Bland rosiner, mælk og olie. Hæld i de smurte muffinforme og bag dem i en forvarmet ovn ved 200°C/400°F/gasmærke 6 i 15-20 minutter, indtil de er gyldenbrune.

Amerikanske blåbærmuffins

siden 12

150 g/5 oz/1¼ kopper almindeligt mel (all-purpose)

75 g/3 oz/¾ kop majsmel

75 g/3 oz/1/3 kop granuleret sukker (meget fint)

10 ml/2 tsk bagepulver

En knivspids salt

1 let pisket æg

75 g/3 oz/1/3 kop smør eller margarine, smeltet

250 ml/8 ml oz/1 kop kærnemælk

100 g/4 oz blåbær

Bland mel, majsmel, sukker, bagepulver og salt og lav en fordybning i midten. Tilsæt æg, smør eller margarine og kærnemælk og bland indtil det er blandet. Rør blåbær eller brombær i. Hæld i muffinforinger (papir) og bag dem i en forvarmet ovn ved 200°C/400°F/gasmærke 6 i 20 minutter, indtil de er gyldenbrune og boblende at røre ved.

Muffins med kirsebær

siden 12

225 g/8 oz/2 kopper almindeligt mel (alle formål)

100 g/4 oz/½ kop strøsukker (meget fint)

100 g/4 oz/½ kop glacekirsebær (kandiserede).

10 ml/2 tsk bagepulver

2,5 ml/½ tsk salt

1 let pisket æg

250 ml/8 ml oz/1 kop mælk

120 ml/4 ml oz/½ kop olie

Bland mel, sukker, kirsebær, bagepulver og salt og lav en fordybning i midten. Bland de resterende ingredienser sammen og rør i de tørre ingredienser, indtil de er blandet. Bland ikke for meget. Hæld i muffinskopper (papir) eller smurte kopper (bakke) og bag dem i en forvarmet ovn ved 200°C/400°F/gasmærke 6 i 20 minutter, indtil de er gyldenbrune og fjedrende at røre ved.

Chokolade muffins

Gør 10-12

175 g/6 oz/1½ kopper mel (all-purpose)

40 g/1½ oz/1/3 kop kakao (usødet chokolade) pulver

100 g/4 oz/½ kop strøsukker (meget fint)

10 ml/2 tsk bagepulver

2,5 ml/½ tsk salt

1 stort æg

250 ml/8 ml oz/1 kop mælk

2,5 ml/½ tsk vaniljeessens (ekstrakt)

120 ml/4 ml oz/½ kop solsikke- eller vegetabilsk olie

Bland de tørre ingredienser og lav en brønd i midten. Bland æg, mælk, vaniljeessens og olie godt sammen. Rør hurtigt væsken i de tørre ingredienser, indtil det hele er inkorporeret. Bland ikke for meget; blandingen skal være klumpet. Hæld i muffinsforme (papir) eller muffinsforme (forme) og bag i en forvarmet ovn ved 200°C/400°F/gasmærke 6 i ca. 20 minutter til den er godt hævet og fjedrende at røre ved.

Chokolade muffins

siden 12

175 g/6 oz/1½ kopper mel (all-purpose)

100 g/4 oz/½ kop strøsukker (meget fint)

45 ml/3 skeer kakao (sukkerfri chokolade).

100 g/4 oz/1 kop chokoladechips

10 ml/2 tsk bagepulver

2,5 ml/½ tsk salt

1 let pisket æg

250 ml/8 ml oz/1 kop mælk

120 ml/4 ml oz/½ kop olie

2,5 ml/½ tsk vaniljeessens (ekstrakt)

Bland mel, sukker, kakao, chokoladechips, bagepulver og salt og lav en fordybning i midten. Bland de resterende ingredienser sammen og rør i de tørre ingredienser, indtil de er blandet. Bland ikke for meget. Hæld i muffinskopper (papir) eller smurte kopper (bakke) og bag dem i en forvarmet ovn ved 200°C/400°F/gasmærke 6 i 20 minutter, indtil de er gyldenbrune og fjedrende at røre ved.

Kanel muffins

siden 12

225 g/8 oz/2 kopper almindeligt mel (alle formål)

100 g/4 oz/½ kop strøsukker (meget fint)

10 ml/2 tsk bagepulver

5 ml/1 tsk stødt kanel

2,5 ml/½ tsk salt

1 let pisket æg

250 ml/8 ml oz/1 kop mælk

120 ml/4 ml oz/½ kop olie

Bland mel, sukker, bagepulver, kanel og salt og lav en fordybning i midten. Bland de resterende ingredienser sammen og rør i de tørre ingredienser, indtil de er blandet. Bland ikke for meget. Hæld i muffinskopper (papir) eller smurte kopper (bakke) og bag dem i en forvarmet ovn ved 200°C/400°F/gasmærke 6 i 20 minutter, indtil de er gyldenbrune og fjedrende at røre ved.

Majsmelsmuffins

siden 12

50 g/2 oz/½ kop mel (alle formål)

100 g/4 oz/1 kop majsmel

5 ml/1 tsk bagepulver

1 delt æg

1 æggeblomme

30 ml/2 spsk majsolie

30 ml/2 skeer mælk

Bland mel, majsmel og bagepulver sammen. Pisk æggeblommer, olie og mælk sammen, og vend det derefter i de tørre ingredienser. Pisk æggehviden stiv, og vend den derefter i blandingen. Hæld i smurte muffinskopper (papir) eller kopper (forme) og bag i en forvarmet ovn ved 200°C/400°F/gasmærke 6 i ca. 20 minutter til de er gyldenbrune.

Fuldkornsmuffins med figner

gør 10

100 g/4 oz/1 kop fuldkornshvedemel (fuldkorn)

5 ml/1 tsk bagepulver

50 g/2 oz/½ kop havregryn

50 g/2 oz/1/3 kop tørrede figner, hakket

45 ml/3 spsk olie

75 ml/5 skeer mælk

15 ml/1 ske sort sirup (melasse)

1 let pisket æg

Bland mel, bagepulver og havre, tilsæt derefter fignerne, opvarm olie, mælk og melasse sammen, indtil de er kombineret, tilsæt derefter de tørre ingredienser til æggene og ælt til en stiv dej. Hæld blandingen i muffinsforme (papir) eller smurte muffinforme (forme) og bag i en forvarmet ovn ved 190°C/375°F/gas 5 i ca. 20 minutter til de er gyldenbrune.

Frugt- og klidmuffins

siden 8

100 g/4 oz/1 kop Klid korn

50 g/2 oz/½ kop mel (alle formål)

2,5 ml/½ tsk bagepulver

5 ml/1 tsk bagepulver (natriumbicarbonat)

5 ml/1 tsk blandet krydderi (æblekage) malet

50 g/2 oz/1/3 kop rosiner

100 g/4 oz/1 kop æblemos (sovs)

5 ml/1 tsk vaniljeessens (ekstrakt)

30 ml/2 skeer mælk

Bland de tørre ingredienser og lav en brønd i midten. Tilsæt rosiner, æblemos og vaniljeessens og mælk efter behov for at få en jævn blanding. Hæld i muffinskopper (papir) eller smurte kopper (tele) og bag i en forvarmet ovn ved 200°C/400°F/gas 6 i 20 minutter, indtil de er godt brune og brune.

Havregryn muffins

lave 20

100 g/4 oz/1 kop havregryn

100 g/4 oz/1 kop havregryn

225 g/8 oz/2 kopper fuldkornshvedemel (fuld hvede)

10 ml/2 tsk bagepulver

50 g/2 oz/1/3 kop rosiner (valgfrit)

375 ml/13 ml oz/1½ kopper mælk

10 ml/2 skeer olie

2 æggehvider

Bland havre, mel og bagepulver sammen og rør evt. rosinerne i. Bland mælk og olie. Pisk æggehviderne stive, og vend dem derefter ind i blandingen. Hæld i smurte muffinskopper (papir) eller kopper (forme) og bag i en forvarmet ovn ved 190°C/375°F/gasmærke 5 i ca. 25 minutter til de er gyldenbrune.

Muffins og frugt med havregryn

gør 10

100 g/4 oz/1 kop fuldkornshvedemel (fuldkorn)

100 g/4 oz/1 kop havregryn

15 ml/1 spsk bagepulver

100 g/4 oz/2/3 kop sultanas (rosiner)

50 g/2 oz/½ kop hakkede blandede nødder

1 spiseæble (sødt), skrællet, udkernet og revet

45 ml/3 spsk olie

30 ml/2 skeer ren honning

15 ml/1 ske sort sirup (melasse)

1 let pisket æg

90 ml/6 spsk mælk

Bland mel, havre og bagepulver sammen. Inkluder sultanas, valnødder og æbler. Varm olie, honning og melasse sammen, indtil det er smeltet, og pisk derefter i æggeblandingen og nok mælk til at få en jævn konsistens. Hæld i smurte muffinskopper (papir) eller kopper (forme) og bag i en forvarmet ovn ved 190°C/375°F/gasmærke 5 i ca. 25 minutter til de er gyldenbrune.

Orange muffins

siden 12

100 g/4 oz/1 kop selvhævende mel (selvhævende)

100 g/4 oz/½ kop blødt brun farin

1 let pisket æg

120 ml/4 ml oz/½ kop appelsinjuice

60 ml/4 spsk olie

2,5 ml/½ tsk vaniljeessens (ekstrakt)

25 g/1 oz/2 spsk smør eller margarine

30 ml/2 spsk mel (alle formål)

2,5 ml/½ tsk stødt kanel

Bland det selvhævende mel og halvdelen af sukkeret i en skål. Pisk æg, appelsinjuice, olie og vaniljeessens sammen, og rør derefter de tørre ingredienser i, indtil de lige er blandet. Bland ikke for meget. Hæld i smurte muffinskopper (papir) eller kopper (forme) og bag i en forvarmet ovn ved 200°C/400°F/gasmærke 6 i 10 minutter.

Gnid i mellemtiden smørret eller margarinen ind i det almindelige mel, bland derefter det resterende sukker og kanel i, drys over muffinsene og sæt tilbage i ovnen i yderligere 5 minutter, indtil de er gyldenbrune.

Ferskenmuffins

siden 12

225 g/8 oz/2 kopper almindeligt mel (alle formål)

100 g/4 oz/½ kop strøsukker (meget fint)

10 ml/2 tsk bagepulver

2,5 ml/½ tsk salt

1 let pisket æg

175 ml/6 ml oz/¾ kop mælk

120 ml/4 ml oz/½ kop olie

200 g/7 oz/1 lille dåse ferskner, drænet og hakket

Bland mel, sukker, bagepulver og salt og lav en fordybning i midten. Bland de resterende ingredienser sammen og rør i de tørre ingredienser, indtil de er blandet. Bland ikke for meget. Hæld i muffinskopper (papir) eller smurte kopper (bakke) og bag dem i en forvarmet ovn ved 200°C/400°F/gasmærke 6 i 20 minutter, indtil de er gyldenbrune og fjedrende at røre ved.

Jordnøddesmør muffins

siden 12

225 g/8 oz/2 kopper almindeligt mel (alle formål)

100 g/4 oz/½ kop blødt brun farin

10 ml/2 tsk bagepulver

2,5 ml/½ tsk salt

1 let pisket æg

250 ml/8 ml oz/1 kop mælk

120 ml/4 ml oz/½ kop olie

45 ml/3 spsk jordnøddesmør

Bland mel, sukker, bagepulver og salt og lav en fordybning i midten. Bland de resterende ingredienser sammen og rør i de tørre ingredienser, indtil de er blandet. Bland ikke for meget. Hæld i muffinskopper (papir) eller smurte kopper (bakke) og bag dem i en forvarmet ovn ved 200°C/400°F/gasmærke 6 i 20 minutter, indtil de er gyldenbrune og fjedrende at røre ved.

Ananas muffins

siden 12

225 g/8 oz/2 kopper almindeligt mel (alle formål)

100 g/4 oz/½ kop blødt brun farin

10 ml/2 tsk bagepulver

2,5 ml/½ tsk salt

1 let pisket æg

175 ml/6 ml oz/¾ kop mælk

120 ml/4 ml oz/½ kop olie

200 g/7 oz/1 lille dåse ananas, drænet og hakket

30 ml/2 spsk demerara sukker

Bland mel, flormelis, bagepulver og salt og lav en fordybning i midten. Bland alle andre ingredienser undtagen demerarasukkeret og bland de tørre ingredienser i, indtil det er blandet. Bland ikke for meget. Hæld i smurte muffinsforme (papir) eller forme (forme) og drys demerarasukker over. Bages i en forvarmet ovn ved 200°C/400°F/gas 6 i 20 minutter, indtil den er gennemhævet og fjedrende at røre ved.

Hindbær muffins

siden 12

225 g/8 oz/2 kopper almindeligt mel (alle formål)

100 g/4 oz/½ kop strøsukker (meget fint)

10 ml/2 tsk bagepulver

2,5 ml/½ tsk salt

200 g hindbær

1 let pisket æg

250 ml/8 ml oz/1 kop mælk

120ml/4ml oz/½ kop vegetabilsk olie

Bland mel, sukker, bagepulver og salt sammen. Tilsæt hindbærene og lav en fordybning i midten. Bland æg, mælk og olie og hæld i de tørre ingredienser. Bland forsigtigt, indtil alle de tørre ingredienser er blandet, men blandingen stadig er jævn. Overdriv det ikke. Læg blandingen på en bageplade (papir) eller en smurt muffinform og bag i en forvarmet ovn ved 200°C/400°F/gas 6 i 20 minutter, indtil den er godt sat og elastisk i kontakt.

Hindbær citronmuffins

siden 12

175 g/6 oz/1½ kopper mel (all-purpose)

50 g/2 oz/¼ kop granuleret sukker

50 g/2 oz/¼ kop blødt brun farin

10 ml/2 tsk bagepulver

5 ml/1 tsk stødt kanel

En knivspids salt

1 let pisket æg

100 g/4 oz/½ kop smør eller margarine, smeltet

120 ml/4 ml oz/½ kop mælk

100 g/4 oz friske hindbær

10 ml/2 spsk revet citronskal

Til fyldet:

75 g/3 oz/½ kop pulveriseret sukker (konfekture), sigtet

15 ml/1 spsk citronsaft

Bland mel, strøsukker, farin, bagepulver, kanel og salt i en skål og lav en fordybning i midten. Tilsæt æg, smør eller margarine og mælk og pisk indtil ingredienserne er blandet. Rør hindbær og citronskal i. Hæld i muffinskopper (papir) eller smurte kopper (tele) og bag i en forvarmet ovn ved 180°C/350°F/gasmærke 4 i 20 minutter, indtil de er gyldenbrune og bliver elastiske at røre ved. Bland flormelis og citronsaft til toppingen og hæld over de lune muffins.

Rosin muffins

siden 12

225 g/8 oz/2 kopper almindeligt mel (alle formål)

100 g/4 oz/½ kop strøsukker (meget fint)

100 g/4 oz/2/3 kop sultanas (rosiner)

10 ml/2 tsk bagepulver

5 ml/1 tsk blandet krydderi (æblekage) malet

2,5 ml/½ tsk salt

1 let pisket æg

250 ml/8 ml oz/1 kop mælk

120 ml/4 ml oz/½ kop olie

Bland mel, sukker, sultanas, bagepulver, blandede krydderier og salt og lav en brønd i midten. Bland de øvrige ingredienser i, indtil det er blandet. Hæld i muffinskopper (papir) eller smurte kopper (bakke) og bag dem i en forvarmet ovn ved 200°C/400°F/gasmærke 6 i 20 minutter, indtil de er gyldenbrune og fjedrende at røre ved.

Melasse muffins

siden 12

225 g/8 oz/2 kopper almindeligt mel (alle formål)

100 g/4 oz/½ kop blødt brun farin

10 ml/2 tsk bagepulver

2,5 ml/½ tsk salt

1 let pisket æg

175 ml/6 ml oz/¾ kop mælk

60 ml/4 spsk sort sirup (melasse)

120 ml/4 ml oz/½ kop olie

Bland mel, sukker, bagepulver og salt og lav en fordybning i midten. Bland de øvrige ingredienser i, indtil det er blandet. Bland ikke for meget. Hæld i muffinskopper (papir) eller smurte kopper (bakke) og bag dem i en forvarmet ovn ved 200°C/400°F/gasmærke 6 i 20 minutter, indtil de er gyldenbrune og fjedrende at røre ved.

Melasse og havregrynsmuffins

gør 10

100 g/4 oz/1 kop mel (alle formål))

175 g/6 oz/1½ kop havregryn

100 g/4 oz/½ kop blødt brun farin

15 ml/1 spsk bagepulver

5 ml/1 tsk stødt kanel

2,5 ml/½ tsk salt

1 let pisket æg

120 ml/4 ml oz/½ kop mælk

60 ml/4 spsk sort sirup (melasse)

75 ml/5 spsk olie

Bland mel, havre, sukker, bagepulver, kanel og salt og lav en fordybning i midten. Bland de resterende ingredienser sammen, og tilsæt derefter de tørre ingredienser, indtil de er blandet. Bland ikke for meget. Hæld i muffinkopper (papir) eller smurte kopper (tele) og bag i en forvarmet ovn ved 200°C/400°F/gas 6 i 15 minutter, indtil den er godt hævet og spændstig.

Havregryn toast

siden 8

225 g/8 oz/2 kopper havregryn

100 g/4 oz/1 kop fuldkornshvedemel (fuldkorn)

5 ml/1 skefuld salt

5 ml/1 tsk bagepulver

50 g/2 oz/¼ kop spæk (afkortning)

30 ml/2 spsk koldt vand

Bland de tørre ingredienser sammen, og gnid derefter svinefedtet i, indtil det ligner brødkrummer. Bland i nok vand til at lave en stiv dej. Rul ud på en let meldrysset overflade til en 18 cm/7 cirkel og skær i otte tern. Anbring på en smurt kageplade og bag i en forvarmet ovn ved 180°C/350°F/gas 4 i 25 minutter. Server med smør, marmelade eller marmelade.

Jordbærsvamp

af 18

5 æggeblommer

75 g/3 oz/1/3 kop granuleret sukker (meget fint)

En knivspids salt

Revet skal af ½ citron

4 æggehvider

40 g/1½ ounce/1/3 kop majsstivelse (majsstivelse)

40 g/1½ oz/1/3 kop mel (all-purpose)

40 g/1½ oz/3 spsk smør eller margarine, smeltet

300 ml/½ pt/1¼ kop piskefløde

225 g jordbær

Sigtet fløde (til wienerbrød) til aftørring

Pisk æggeblommerne med 25 g/1 oz/2 spsk strøsukker, indtil de er blege og tykke, og tilsæt derefter salt og citronskal. Pisk æggehviderne stive, tilsæt derefter det resterende flormelis og fortsæt med at piske til de er stive og blanke. Hæld æggeblommerne i, hæld derefter majsmel og mel i, tilsæt det smeltede smør eller margarine. Overfør blandingen til en sprøjtepose udstyret med en 1 cm/½ almindelig dyse (spids) og form 15 cm/6 cirkler på en smurt og foret (kage) bageplade. Bages i en forvarmet ovn ved 220°C/425°F/gas 7 i 10 minutter, indtil de er let brune, men ikke brune. Lad det køle af.

Pisk fløden stiv. Læg et tyndt lag på halvdelen af hver cirkel, læg jordbærene ovenpå og afslut med mere creme. Fold den øverste halvdel af 'omeletten' over. Drys med flormelis og server.

Pebermyntekager

siden 12

100 g/4 oz/½ kop smør eller margarine, blødgjort

100 g/4 oz/½ kop strøsukker (meget fint)

2 let pisket æg

75 g/3 oz/¾ kop selvhævende mel (selvhævende)

10 ml/2 skeer kakao (sukkerfri chokolade).

En knivspids salt

225 g/8 oz/11/3 kopper pulveriseret sukker (konfekture), sigtet

30 ml/2 spsk vand

Et par dråber grøn madfarve

Et par dråber pebermynteessens (ekstrakt)

Chokolademynte, halveret, til pynt

Pisk smør eller margarine og sukker, indtil det er blødt og luftigt, og tilsæt derefter æggene gradvist, tilsæt mel, kakao og salt. Hæld i smurte ramekins og bag i en forvarmet ovn ved 200°C/400°F/gasmærke 6 i 10 minutter, indtil de er spændstige. Lad det køle af.

Sigt strøsukkeret i en skål og tilsæt 15 ml/1 spsk vand, og tilsæt derefter madfarven og pebermynteessensen efter smag. Tilsæt eventuelt mere vand for at give en konsistens, der dækker bagsiden af en ske. Pensl kagerne med glasuren og pynt med chokolademynte.

Rosin desserter

siden 12

175 g/6 oz/1 kop rosiner

250 ml/8 ml oz/1 kop vand

5 ml/1 tsk bagepulver (natriumbicarbonat)

100 g/4 oz/½ kop smør eller margarine, blødgjort

100 g/4 oz/½ kop blødt brun farin

1 sammenpisket æg

5 ml/1 tsk vaniljeessens (ekstrakt)

200 g/7 oz/1¾ kop almindeligt mel (alle formål)

5 ml/1 tsk bagepulver

En knivspids salt

Bring rosiner, vand og natron i kog i en gryde og lad det simre forsigtigt i 3 minutter. Lad den køle af til den er lunken. Pisk smør eller margarine og sukker let og luftigt. Tilsæt gradvist æg og vaniljeessens. Vend blandingen med rosiner, bland derefter mel, bagepulver og salt, hæld blandingen i en muffinform (papir) eller en smurt bageplade og bag i en forvarmet ovn ved 180°C/350°F/mark gas. 4 i 12-15 minutter, indtil de er hævede og gyldenbrune.

Rosin krøller

siden den 24

225 g/8 oz/2 kopper almindeligt mel (alle formål)

En knivspids malet blandet krydderi (æblekage).

5 ml/1 tsk bagepulver (natriumbicarbonat)

225 g/8 oz/1 kop pulveriseret sukker (meget fint)

45 ml/3 spsk malede mandler

225 g/8 oz/1 kop smør eller margarine, smeltet

45 ml/3 spsk rosiner

1 let pisket æg

Bland de tørre ingredienser sammen, bland derefter det smeltede smør eller margarine i, derefter rosiner og æg. Bland godt, indtil du får en fast pasta. Rul ud på en let meldrysset overflade til en tykkelse på ca. 5 mm/ og skær i strimler 5 mm x 20 cm/ x 8 tommer. Fugt den øverste overflade let med lidt vand, og pak derefter hver strimmel fra den kortere ende. Anbring på en smurt kageplade og bag i en forvarmet ovn ved 200°C/400°F/gasmærke 6 i 15 minutter, indtil den er gyldenbrun.

Brune ris og solsikke kager

siden 12

75 g/3 oz/¾ kop kogte brune ris

50 g/2 oz/½ kop solsikkefrø

25 g/1 oz/¼ kop sesamfrø

40 g/1½ oz/¼ kop rosiner

40 g/1½ oz/¼ kop glacekirsebær (kandiserede), hakket

25 g/1 oz/2 spsk blødt brun farin

15 ml/1 spsk ren honning

75 g/3 oz/1/3 kop smør eller margarine

5 ml/1 tsk citronsaft

Bland ris, frø og frugt. Smelt sukker, honning, smør eller margarine og citronsaft og tilsæt risblandingen. Hæld i 12 ramekins (cupcake liners) og bag i en forvarmet ovn ved 200°C/400°F/gasmærke 6 i 15 minutter.

Stenkager

siden 12

225 g/8 oz/2 kopper almindeligt mel (alle formål)

En knivspids salt

10 ml/2 tsk bagepulver

50 g/2 oz/¼ kop smør eller margarine

50 g/2 oz/¼ kop spæk (afkortning)

100 g/4 oz/2/3 kop blandet tørret frugt (frugtkageblanding)

100 g/4 oz/½ kop demerara sukker

Revet skal af ½ citron

1 æg

15–30 ml/1–2 spsk mælk

Bland mel, salt og bagepulver sammen, og bland derefter smør eller margarine og spæk i, indtil det ligner brødkrummer. Bland frugt, sukker og citronskal. Pisk ægget med 15 ml/1 spsk mælk, tilsæt de tørre ingredienser og ælt til en kompakt dej, tilsæt mere mælk om nødvendigt. Læg små stykker af blandingen på en smurt (kage)bakke og bag i en forvarmet ovn ved 200°C/400°F/gasmærke 6 i 15-20 minutter, indtil den er gyldenbrun.

Sukkerfri stenkager

siden 12

75 g/3 oz/1/3 kop smør eller margarine

175 g/6 oz/1¼ kopper fuldkornshvedemel (fuldkorn)

50 g/2 oz/½ kop havregryn

10 ml/2 tsk bagepulver

5 ml/1 tsk stødt kanel

100 g/4 oz/2/3 kop sultanas (rosiner)

Revet skal af 1 citron

1 let pisket æg

90 ml/6 spsk mælk

Gnid smørret eller margarinen med mel, bagepulver og kanel, indtil du får en blanding, der minder om brødkrummer. Kombiner sultanas og citronskal. Tilsæt æg og mælk efter behov for at få en jævn dej. Hæld i en smurt (småkage)form og bag i en forvarmet ovn ved 200°C/400°F/gasmærke 6 i 15-20 minutter, indtil de er gyldenbrune.

Slik med safran

siden 12

En knivspids safranpulver

75 ml/5 spsk kogende vand

75 ml/5 spsk koldt vand

100 g/4 oz/½ kop smør eller margarine, blødgjort

225 g/8 oz/1 kop pulveriseret sukker (meget fint)

2 let pisket æg

225 g/8 oz/2 kopper almindeligt mel (alle formål)

10 ml/2 tsk bagepulver

2,5 ml/½ tsk salt

175 g/6 oz/1 kop sultanas (rosiner)

175 g/6 oz/1 kop blandede skræl (kandiserede), hakket

Kog safran i kogende vand i 30 minutter og tilsæt derefter koldt vand. Pisk smør eller margarine og sukker, indtil det er blødt og luftigt, og vend derefter æggene gradvist i. Bland melet med bagepulver og salt, og bland derefter 50g/2 oz/½ kop melblanding i sultanas og blandet skal. Tilsæt melet skiftevis med vandet og safran til cremen, og tilsæt derefter frugten. Hæld i smurte og meldrysede muffinsforme (papir) eller forme (forme) og bag i en forvarmet ovn ved 190°C/375°F/gas 5 i ca. 15 minutter til de er fjedrende at røre ved.

Far med rom

siden 8

100 g/4 oz/1 kop fuldkorn (brød).

5 ml/1 tsk tørgær blandet let

En knivspids salt

45 ml/3 skeer varm mælk

2 let pisket æg

50 g/2 oz/¼ kop smør eller margarine, smeltet

25 g/1 oz/3 spsk rosiner

Til siruppen:

250 ml/8 ml oz/1 kop vand

75 g/3 oz/1/3 kop granuleret sukker

20 ml/4 teskefulde citronsaft

60 ml/4 spsk rom

Til glasur og dekoration:
60 ml/4 spsk abrikosmarmelade (på dåse), siet (sigtet)

15 ml/1 spsk vand

150 ml/¼ pt/2/3 kop piskefløde eller dobbelt creme (tung)

4 glaserede (kandiserede) kirsebær, halveret

Nogle englestrimler, skåret i trekanter

Bland mel, bagepulver og salt i en skål og lav en fordybning i midten. Bland mælk, æg og smør eller margarine sammen, og vend derefter melet i til en blød dej. Hæld dejen i otte individuelle smurte og meldrysede ringformede gryder, så de kun er en tredjedel af højden af ramekins. Dæk med fedtsugende papir (plastfolie) og lad stå et lunt sted i 30 minutter, indtil dejen klæber til toppen af ramekins. Bages i en forvarmet ovn ved

200°C/400°F/gas 6 i 15 minutter, indtil de er gyldenbrune. Vend formene på hovedet og lad dem køle af i 10 minutter, fjern derefter småkagerne fra formene og læg dem på et stort dybt fad. Prik dem alle sammen med en gaffel.

For at lave siruppen skal du varme vandet, sukkeret og citronsaften op ved lav varme under omrøring, indtil sukkeret er opløst. Hæv varmen og bring det i kog. Tag af varmen og rør rommen i, hæld kagerne med den varme sirup og lad dem trække i 40 minutter.

Varm marmelade og vand op ved svag varme, indtil det er godt blandet. Vi maler fædrene og arrangerer dem på en tallerken. Pisk fløden og læg den i midten af hver cupcake. Pynt med kirsebær og angelica.

Spanien

siden den 24

5 æggeblommer

75 g/3 oz/1/3 kop granuleret sukker (meget fint)

7 æggehvider

75 g/3 oz/¾ kop majsstivelse (majsstivelse)

50 g/2 oz/½ kop mel (alle formål)

Pisk æggeblommerne med 15 ml/1 spsk sukker, indtil blandingen bliver klar og tyk. Pisk æggehviderne stive, og tilsæt derefter det resterende sukker, indtil de er tykke og blanke. Rør majsstivelsen i, og hjælp dig selv med en metalske. Bland halvdelen af blommerne med hviderne med en metalske, og tilsæt derefter de resterende blommer. Sigt forsigtigt melet i, overfør blandingen til en sprøjtepose udstyret med en 2,5 cm/1 almindelig dyse (spids) og form velopdelte runde kager på en smurt (kage)bakke. Bages i en forvarmet ovn ved 200°C/400°F/gasmærke 6 i 5 minutter, og reducer derefter ovntemperaturen til 180°C/350°F/gasmærke 4 i yderligere 10 minutter, indtil den er gyldenbrun og tager farve . røre ved

Chokolade svampekage

siden 12

5 æggeblommer

75 g/3 oz/1/3 kop granuleret sukker (meget fint)

7 æggehvider

75 g/3 oz/¾ kop majsstivelse (majsstivelse)

50 g/2 oz/½ kop mel (alle formål)

60 ml/4 spsk abrikosmarmelade (på dåse), siet (sigtet)

30 ml/2 spsk vand

1 mængde kogt chokoladeglasur

150 ml/¼ pt/2/3 kop piskefløde

Pisk æggeblommerne med 15 ml/1 spsk sukker, indtil blandingen bliver klar og tyk. Pisk æggehviderne stive, og tilsæt derefter det resterende sukker, indtil de er tykke og blanke. Rør majsstivelsen i, og hjælp dig selv med en metalske. Bland halvdelen af blommerne med hviderne med en metalske, og tilsæt derefter de resterende blommer. Sigt forsigtigt melet i, overfør blandingen til en sprøjtepose udstyret med en 2,5 cm/1 almindelig dyse (spids) og form velopdelte runde kager på en smurt (kage)bakke. Bages i en forvarmet ovn ved 200°C/400°F/gasmærke 6 i 5 minutter, og reducer derefter ovntemperaturen til 180°C/350°F/gasmærke 4 i yderligere 10 minutter, indtil den er gyldenbrun og tager farve . røre ved Overfør til en rist.

Kog marmelade og vand, indtil det er tyknet og godt blandet, og pensl derefter over kagerne. Lad det køle af. Dyp svampekagen i chokoladeglasuren og lad den derefter køle af. Pisk fløden stiv, og kom derefter kageparrene sammen med cremen.

Sommer snebolde

siden den 24

100 g/4 oz/½ kop smør eller margarine, blødgjort

100 g/4 oz/½ kop strøsukker (meget fint)

5 ml/1 tsk vaniljeessens (ekstrakt)

2 let pisket æg

225 g/8 oz/2 kopper selvhævende mel (selvhævende)

120 ml/4 ml oz/½ kop mælk

120 ml/4 ml oz/½ kop dobbelt creme (tung)

25 g/1 oz/3 spsk pulveriseret (konfekture) sukker, sigtet

60 ml/4 spsk abrikosmarmelade (på dåse), siet (sigtet)

30 ml/2 spsk vand

150 g/5 oz/1¼ kopper tørret kokosnød (revet)

Pisk smør eller margarine og sukker sammen, indtil det er blødt og luftigt. Tilsæt gradvist vaniljeessens og æg, og tilsæt derefter melet skiftevis med mælken. Hæld blandingen i de smurte muffinforme og bag i en forvarmet ovn ved 180°C/350°F/gas 4 i 15 minutter, indtil den er godt hævet og spændstig at røre ved. Overfør til en rist til afkøling. Skær toppen af muffinsene af.

Pisk fløde og flormelis stift, hæld derefter lidt over hver muffin og læg låg på. Varm marmeladen op med vandet, indtil den er blandet, pensl derefter muffinsene og drys rigeligt med kokos.

Svampedråber

siden 12

3 sammenpisket æg

100 g/4 oz/½ kop strøsukker (meget fint)

2,5 ml/½ tsk vaniljeessens (ekstrakt)

100 g/4 oz/1 kop mel (alle formål))

5 ml/1 tsk bagepulver

100 g/4 oz/1/3 kop hindbærsyltetøj (på dåse)

150 ml/¼ pt/2/3 kop dobbelt (tung) fløde, pisket

Sigtet fløde (til wienerbrød) til aftørring

Læg æg, perlesukker og vaniljeessens i en varmefast skål over en gryde med kogende vand og pisk til det er tykt. Tag skålen af panden og kom mel og bagepulver sammen. Læg små skefulde af blandingen i en smurt (kage)form og bag i en forvarmet ovn ved 190°C/375°F/gas 5 i 10 minutter, indtil den er gyldenbrun. Overfør til en rist og lad afkøle. Kombiner dråberne med marmelade og fløde og drys med flormelis til servering.

Grundlæggende marengs

Gør 6-8

2 æggehvider

100 g/4 oz/½ kop strøsukker (meget fint)

Pisk æggehviderne i en ren, fedtfri skål, indtil de begynder at danne bløde toppe. Tilsæt halvdelen af sukkeret og fortsæt med at piske til det er stift. Tilsæt det resterende sukker let med en metalske. Beklæd en (kage)plade med bagepapir og læg 6-8 bunker marengs på pladen. Tør marengsene ved lavest mulig temperatur i ovnen i 2-3 timer. Afkøl på en rist.

Mandelmarengs

siden 12

2 æggehvider

100 g/4 oz/½ strøsukker (meget fint)

100 g/4 oz/1 kop malede mandler

Et par dråber mandelessens (ekstrakt)

12 mandelhalvdele til pynt

Pisk æggehviderne stive. Tilsæt halvdelen af sukkeret og fortsæt med at piske indtil blandingen danner stive toppe. Tilsæt det resterende sukker, malede mandler og mandelessens. Del blandingen i 12 skiver på en smurt og foret bageplade og læg en mandelhalvdel ovenpå hver. Bag i en forvarmet ovn ved 130°C/250°F/Gas ½ i 2-3 timer, indtil de er sprøde.

Spanske mandelmarengs cookies

siden 16

225 g/8 oz/1 kop granuleret sukker

225 g/8 oz/2 kopper malede mandler

1 æggehvide

100 g/4 oz/1 kop hele mandler

Pisk sukker, malede mandler og æggehvide til du får en blød dej. Form en kugle og flad dejen med en kagerulle. Skær dem i cirkler og anbring dem på en smurt (kiks) bakke. Tryk en hel mandel ind i midten af hver småkage. Bages i en forvarmet ovn ved 160°C/325°F/gas 3 i 15 minutter.

Søde marengskurve

siden 6

4 æggehvider

225-250 g/8-9 oz/1 1/3-1½ kopper pulveriseret (konditor-) sukker, sigtet

Et par dråber vaniljeessens (ekstrakt)

Pisk æggehviderne i en ren, fedtfri, varmefast skål, indtil de er skummende, og pisk derefter gradvist flormelis i, efterfulgt af vaniljeessens. Stil skålen over en gryde med kogende vand og rør, indtil marengsen holder sin form og efterlader et tykt spor, når piskeriset løftes. Beklæd en bageplade (småkage) med bagepapir og tegn seks 7,5 cm/3 cirkler på papiret. Brug halvdelen af marengsblandingen til at røre et lag marengs inde i hver cirkel. Læg resten i en sprøjtepose og rør to lag marengs rundt om kanten af hver bund. Tør i en forvarmet ovn ved 150°C/300°F/gasmærke 2 i cirka 45 minutter.

Mandelchips

gør 10

2 æggehvider

100 g/4 oz/½ kop strøsukker (meget fint)

75 g/3 oz/¾ kop malede mandler

25 g/1 oz/2 spsk smør eller margarine, blødgjort

50 g/2 oz/1/3 kop pulveriseret sukker (konfekture), sigtet

10 ml/2 skeer kakao (sukkerfri chokolade).

50 g/2 oz/½ kop mørk (halvsød) chokolade, smeltet

Pisk æggehviderne, indtil der dannes stive toppe. Pisk perlesukker langsomt i. Vend de hakkede mandler i. Brug en 1/2" dyse (spids), rør blandingen til en 5/2" længde i en let olieret pande. Bages i en forvarmet ovn ved 140°C/275°F/gas 1 i 1-1½ time. Lad det køle af.

Flødesmør eller margarine, flormelis og kakao. Smør nogle kiks (småkager) sammen med fyldet. Smelt chokoladen i en varmefast skål over en gryde med kogende vand. Dyp toppen af marengsene i chokolade og lad afkøle på en rist.

Mandel og citron spansk marengs

gøre 30

150 g/5 oz/1¼ kop blancherede mandler

2 æggehvider

Revet skal af ½ citron

200 g/7 oz/1 kop strøsukker (meget fint)

10 ml/2 tsk citronsaft

Rist mandlerne i en forvarmet ovn ved 150°C/300°F/gasmærke 2 i ca. 30 minutter til de er gyldne og duftende. Hak cirka en tredjedel af valnødderne og hak resten fint.

Pisk æggehviderne stive. Tilsæt citronskal og to tredjedele af sukkeret. Tilsæt citronsaft og bland til det er tykt og blankt. Tilsæt det resterende sukker og malede mandler. Tilsæt de malede mandler, læg skefulde marengs på en smurt og foliedækket bageplade og sæt i den forvarmede ovn. Reducer straks ovntemperaturen til 110°C/225°F/gasmærke ¼ og kog i ca. 1 1/2 time til det er tørt.

Chokoladedækkede marengs

siden 4

2 æggehvider

100 g/4 oz/½ kop strøsukker (meget fint)

100 g/4 oz/1 kop mørk chokolade (halvsød)

150 ml/¼ pt/2/3 kop dobbelt (tung) fløde, pisket

Pisk æggehviderne i en ren, fedtfri skål, indtil de begynder at danne bløde toppe. Tilsæt halvdelen af sukkeret og fortsæt med at piske indtil blandingen stopper ved stive toppe. Tilsæt lidt af det resterende sukker med en metalske. Beklæd en bageplade med bagepapir og læg otte bunker marengs på pladen. Tør marengsene ved lavest mulig temperatur i ovnen i 2-3 timer. Afkøl på en rist.

Smelt chokoladen i en varmefast skål over en gryde med kogende vand. Lad køle lidt af. Dyp forsigtigt fire af marengsene i chokoladen, så ydersiden er dækket. Lad hvile på bagepapir (vokset), til det er stivnet. Sandwich en chokoladedækket marengs og en almindelig marengs med cremen, og gentag med de resterende marengs.

Chokolade mynte marengs

af 18

3 æggehvider

100 g/4 oz/½ kop strøsukker (meget fint)

75 g/3 oz/¾ kop mynte dækket af hakket chokolade

Pisk æggehviderne stive. Pisk gradvist sukkeret i, indtil æggehviderne er stive og blanke. Tilsæt de hakkede mynter. Kom små skefulde af blandingen i en smurt (kage)form og bag i en forvarmet ovn ved 140°C/275°F/gas 1 i 1,5 time, indtil den er tør.

Chokolade og valnøddemarengs

siden 12

2 æggehvider

175 g/6 oz/¾ kop strøsukker (meget fint)

50 g/2 oz/½ kop chokoladechips

25 g/1 oz/¼ kop valnødder, finthakkede

Forvarm ovnen til 190°C/375°F/gasmærke 5. Pisk æggehviderne, indtil der dannes bløde toppe. Tilsæt gradvist sukkeret og pisk indtil blandingen danner stive toppe. Hæld chokolader og nødder, hæld blandingen i en smurt (kiks)pande og sæt den i ovnen. Sluk for ovnen og lad den køle af.

Hasselnøddemarengs

siden 12

100 g/4 oz/1 kop hasselnødder

2 æggehvider

100 g/4 oz/½ kop strøsukker (meget fint)

Et par dråber vaniljeessens (ekstrakt)

Reserver 12 valnødder til pynt og hak resten. Pisk æggehviderne stive. Tilsæt halvdelen af sukkeret og fortsæt med at piske indtil blandingen danner stive toppe. Tilsæt det resterende sukker, knuste hasselnødder og vaniljeessens. Del blandingen i 12 skiver i en smurt og foret (småkage)pande og læg en reserveret terning oven på hver. Bag i en forvarmet ovn ved 130°C/250°F/Gas ½ i 2-3 timer, indtil de er sprøde.

Valnøddemarengslagkage

Giver en 23cm/9

Til kagen:

50 g/2 oz/¼ kop smør eller margarine, blødgjort

150 g/5 oz/2/3 kop strøsukker (meget fint)

4 delte æg

100 g/4 oz/1 kop mel (alle formål))

10 ml/2 tsk bagepulver

En knivspids salt

60 ml/4 skeer mælk

5 ml/1 tsk vaniljeessens (ekstrakt)

50 g/2 oz/½ kop pekannødder, finthakkede

Til cremen:

250 ml/8 ml oz/1 kop mælk

50 g/2 oz/¼ kop pulveriseret sukker (meget fint)

50 g/2 oz/½ kop mel (alle formål)

1 æg

En knivspids salt

120 ml/4 ml oz/½ kop dobbelt creme (tung)

For at lave kagen, pisk smør eller margarine med 100 g/4 oz/½ kop sukker, indtil det er lyst og luftigt. Tilsæt gradvist æggeblommerne, derefter mel, bagepulver og salt, skiftevis med mælk og vaniljeessens. Hæld i to smurte og forede 9/23 cm kageforme (møre) og jævn overfladen. Pisk æggehviderne stive, tilsæt derefter det resterende sukker og pisk igen, indtil de er skummende og blanke. Fordel kageblandingen ovenpå og drys med valnødder. Bages i en forvarmet ovn ved 150°C/300°F/gas 3 i 45 minutter, indtil marengsen er tør. Overfør til en rist til afkøling.

For at forberede cremen blandes lidt mælk med sukker og mel. Bring resten af mælken i kog i en gryde, hæld sukkerblandingen over og rør til det er blandet. Kom mælken tilbage i den skyllede gryde og bring det i kog, under konstant omrøring, og kog under omrøring, indtil den er tyknet. Tag af varmen og tilsæt æg og salt og lad det køle lidt af. Pisk fløden stiv og tilsæt derefter blandingen. Lad det køle af. Fordel kagerne sammen med cremen.

Hasselnød maretto skiver

lave 20

175 g/6 oz/1½ kop hasselnødder, hakket

3 æggehvider

225 g/8 oz/1 kop pulveriseret sukker (meget fint)

5 ml/1 tsk vaniljeessens (ekstrakt)

5 ml/1 tsk stødt kanel

5 ml/1 spsk revet citronskal

Rispapir

Hak de 12 hasselnødder fint og mal resten til de er knust. Pisk æggehviderne let og luftige. Tilsæt gradvist sukkeret og fortsæt med at piske indtil blandingen danner stive toppe. Bland hasselnødder, vaniljeessens, kanel og citronskal i. Læg dybede teskefulde på en bageplade beklædt med rispapir (småkager), og flad dem derefter ud i tynde strimler. Lad det hvile i 1 time. Bages i en forvarmet ovn ved 180°C/350°F/gas 4 i 12 minutter, indtil den er fast at røre ved.

Læg lag med marengs og valnødder

Lav en tærte på 25 cm/10 tommer

100 g/4 oz/½ kop smør eller margarine, blødgjort

400 g/14 oz/1¾ kop strøsukker (meget fint)

3 æggeblommer

100 g/4 oz/1 kop mel (alle formål))

10 ml/2 tsk bagepulver

120 ml/4 ml oz/½ kop mælk

100 g/4 oz/1 kop nødder

4 æggehvider

250 ml/8 ml oz/1 kop dobbelt creme (tung)

5 ml/1 tsk vaniljeessens (ekstrakt)

Kakaopulver (sukkerfri chokolade) til aftørring

Flød smørret eller margarinen og 75 g/¾ kop sukker til det er lyst og luftigt. Tilsæt æggeblommerne gradvist, og tilsæt derefter mel og bagepulver skiftevis med mælken. Rul dejen ud i to smurte og meldryssede 25 cm/10 kagedåser. Gem nogle valnøddehalvdele til pynt, hak resten fint og drys på kagerne. Pisk æggehviderne stive, tilsæt derefter det resterende sukker og pisk igen, indtil de er tykke og blanke. Fordel kagerne og bag dem i en forvarmet ovn ved 180°C/350°F/gas 4 i 25 minutter, dæk kagen med sugende papir mod slutningen af tilberedningen, hvis marengsen begynder at brune for meget. Lad det køle af i gryden, og fjern derefter kagerne med marengsen ovenpå.

Pisk fløde og vaniljeessens stiv. Rul kagerne sammen med marengssiden opad med halvdelen af cremen og fordel resten ovenpå. Pynt med de afsatte nødder og drys med sigtet kakao.

Marengsbjerge

siden 6

2 æggehvider

100 g/4 oz/½ kop strøsukker (meget fint)

150 ml/¼ pt/2/3 kop dobbelt creme (tung)

350 g/12 oz jordbær, skåret i skiver

25 g/1 oz/¼ kop mørk (halvsød) chokolade, hakket

Pisk æggehviderne stive. Tilsæt halvdelen af sukkeret og pisk til det er tykt og blankt. Tilsæt det resterende sukker. Fordel seks cirkler marengs på bagepapir på en bageplade (småkage). Bages i en forvarmet ovn ved 140°C/275°F/gas 1 i 45 minutter, indtil de er gyldenbrune og sprøde. Interiøret forbliver ret blødt. Fjern fra panden og lad afkøle på en rist.

Pisk fløden stiv. Hæld eller hæld halvdelen af fløden over marengscirklerne, pynt med frugt, og pynt derefter med den resterende creme. Drys hakket chokolade på toppen.

Hindbærmarengscreme

Serverer 6

2 æggehvider

100 g/4 oz/½ kop strøsukker (meget fint)

150 ml/¼ pt/2/3 kop dobbelt creme (tung)

30 ml/2 spsk pulveriseret sukker (til kager)

225 gram hindbær

Pisk æggehviderne i en ren, fedtfri skål, indtil de begynder at danne bløde toppe. Tilsæt halvdelen af sukkeret og fortsæt med at piske indtil blandingen stopper ved stive toppe. Tilsæt noget af det resterende sukker og forkæl dig selv med en metalske. Beklæd en bageplade (cookie) med bagepapir og fyld små hvirvler med marengs i gryden. Tør marengsene ved lavest mulig temperatur i ovnen i 2 timer. Afkøl på en rist.

Pisk den tunge fløde med pulveriseret sukker, og tilsæt derefter hindbærene. Brug lidt marengs til sandwich og læg på en tallerken.

Ratafia slik

siden 16

3 æggehvider

100 g/4 oz/1 kop malede mandler

225 g/8 oz/1 kop pulveriseret sukker (meget fint)

Pisk æggehviderne stive. Tilsæt mandlerne og halvdelen af sukkeret og pisk igen til det er stift. Tilsæt det resterende sukker. Læg små ruller på en smurt (kage)bakke og bag i en forvarmet ovn ved 150°C/300°F/gas 2 i 50 minutter, indtil de er tørre og sprøde rundt om kanterne.

Vacherin karamel

Giver en 23cm/9

4 æggehvider

225 g/8 oz/1 kop blødt brun farin

50 g/2 oz/½ kop hasselnødder, hakket

300 ml/½ pt/1¼ kop dobbelt creme (tung)

Et par hele hasselnødder til pynt

Pisk æggehviderne til de holder bløde toppe. Pisk gradvist sukkeret i, indtil det er stift og blankt. Læg marengsen i en sprøjtepose udstyret med en 1/2" almindelig dyse (spids) og rør to 9"/23 cm marengsspiraler ud på en smurt (kage) bageplade. Drys med 15 ml/1 spsk hakkede valnødder og bag dem i en forvarmet ovn ved 120°C/250°F/Gas ½ i 2 timer, indtil de er sprøde. Overfør til en rist til afkøling.

Pisk fløden stiv, vend derefter de resterende nødder i, brug det meste af fløden til at pakke marengsene ind, pynt derefter med den resterende fløde og pynt med hele hasselnødder.

Simple scones

gør 10

225 g/8 oz/2 kopper almindeligt mel (alle formål)

En knivspids salt

2,5 ml/½ tsk bagepulver (bagepulver)

5 ml/1 tsk creme af tandsten

50 g/2 oz/¼ kop smør eller margarine, skåret i tern

30 ml/2 skeer mælk

30 ml/2 spsk vand

Bland mel, salt, natron og fløde af tatar sammen. Pensl med smør eller margarine. Tilsæt langsomt mælk og vand, indtil du får en blød dej. Rul hurtigt ud på en meldrysset overflade, indtil den er glat, rul derefter ud til 1 cm/½ tykkelse og skær i 5 cm/2 cirkler med en kageudstikker. Læg kornene (kiks) på en smurt plade (kiks) og bag dem i en forvarmet ovn ved 230 °C / 450 °F / gasmærke 8 i ca. 10 minutter, indtil de er godt hævede og brune.

Æggerige sko

siden 12

50 g/2 oz/¼ kop smør eller margarine

225 g/8 oz/2 kopper selvhævende mel (selvhævende)

10 ml/2 tsk bagepulver

25 g/1 ounce/2 spsk granuleret sukker (meget fint)

1 let pisket æg

100 ml/3½ floz/6½ spsk mælk

Gnid smørret eller margarinen ind i mel og bagepulver. Tilsæt sukkeret. Bland æg og mælk, indtil du får en blød dej. Rul let ud på en meldrysset overflade, rul derefter ud til en tykkelse på ca. 1 cm/½ og skær i 5 cm/2 runde med en udstikker. Rul snittet igen og vent. Læg kiksene (kiks) på en smurt bakke (kiks) og bag dem i en forvarmet ovn ved 230 °C / 450 °F / gasmærke 8 i 10 minutter eller indtil de er gyldenbrune.

Æble scones

siden 12

225 g/8 oz/2 kopper fuldkornshvedemel (fuld hvede)

20ml/1½ spsk bagepulver

En knivspids salt

50 g/2 oz/¼ kop smør eller margarine

30 ml/2 spsk revet æble (tærte)

1 sammenpisket æg

150 ml/¼ pt/2/3 kop mælk

Bland mel, bagepulver og salt sammen. Pensl med smør eller margarine og rør derefter æblet i. Tilsæt gradvist æg og mælk efter behov for at lave en blød dej. Rul ud på en let meldrysset overflade til en tykkelse på ca. 5 cm/2 og skær dem i runde stykker med småkageudstikkere. Læg småkagerne (kiks) på en smurt bageplade (kiks) og pensl med det resterende æg. Bages i en forvarmet ovn ved 200°C/400°F/gas 6 i 12 minutter, indtil de er gyldenbrune.

Æble og kokos scones

siden 12

50 g/2 oz/¼ kop smør eller margarine

225 g/8 oz/2 kopper selvhævende mel (selvhævende)

25 g/1 ounce/2 spsk granuleret sukker (meget fint)

30 ml/2 spsk tørret kokosnød (revet)

1 spiseæble (sødt), skrællet, udkernet og skåret i tern

150 ml/¼ pt/2/3 kop almindelig yoghurt

30 ml/2 skeer mælk

Gnid smørret eller margarinen ind i melet. Tilsæt sukker, kokos og æble, og arbejd derefter yoghurten til en blød dej, tilsæt eventuelt lidt mælk. Rul ud på en let meldrysset overflade til en tykkelse på ca. 2,5 cm/1 og skæres i runde stykker med en kagedåse. Læg kiksene (kiks) på en smurt bageplade (kiks) og bag dem i en forvarmet ovn ved 220°C/425°F/gas 7 i 10-15 minutter, indtil de er godt brune.

Æbler og dadelstrimler

siden 12

50 g/2 oz/¼ kop smør eller margarine

225 g/8 oz/2 kopper almindeligt mel (alle formål)

5 ml/1 tsk blandet krydderi (æblekage)

5 ml/1 tsk creme af tandsten

2,5 ml/½ tsk bagepulver (bagepulver)

25 g/1 oz/2 spsk blødt brun farin

1 lille koge (tærte) æble, skrællet, udkeret og skåret i tern

50 g/2 oz/1/3 kop udstenede (udstenede) dadler, hakket

45 ml/3 skeer mælk

Gnid smørret eller margarinen ind i melet, de blandede krydderier, creme af tatar og natron. Tilsæt sukker, æble og dadler, tilsæt derefter mælken og ælt til en blød dej. Kog forsigtigt, rul derefter ud på en meldrysset overflade til en tykkelse på 2,5 cm/1 og skær i runde stykker med en kiks (kiks) udskærer. Læg småkagerne (cookies) på en smurt bageplade (cookies) og bag dem i en forvarmet ovn ved 220°C/425°F/gas 7 i 12 minutter, indtil de er godt brune.

Byg scener

siden 12

175 g/6 oz/1½ kopper bygmel

50 g/2 oz/½ kop mel (alle formål)

En knivspids salt

2,5 ml/½ tsk bagepulver (bagepulver)

2,5 ml/½ tsk creme af tandsten

25 g/1 oz/2 spsk smør eller margarine

25 g/1 oz/2 spsk blødt brun farin

100 ml/3½ floz/6½ spsk mælk

Æggeblomme til glasur

Bland mel, salt, natron og fløde af tatar sammen. Gnid smørret eller margarinen sammen, indtil det ligner brødkrummer, og tilsæt derefter sukker og mælk efter behov for at lave en blød dej. Rul ud på en let meldrysset overflade til en tykkelse på 2 cm/¾ og skær i runde stykker med en kageudstikker. Læg småkagerne (kiks) på en smurt bageplade (kiks) og pensl med æggeblomme. Bages i en forvarmet ovn ved 220°C/425°F/gas 7 i 10 minutter, indtil de er gyldenbrune.

Jordbær kokos kage

siden 16

Til makaroni (pasta):

50 g/2 oz/¼ kop spæk (afkortning)

50 g/2 oz/¼ kop smør eller margarine

200 g/7 oz/1¾ kop almindeligt mel (alle formål)

Cirka 15 ml/1 spsk vand

225 g/8 oz/2/3 kop jordbærsyltetøj (på dåse)

Til fyldet:
175 g/6 oz/¾ kop smør eller margarine, blødgjort

175 g/6 oz/¾ kop strøsukker (meget fint)

3 let pisket æg

15 ml/1 spsk mel (alle formål)

Revet skal af 1 citron

225 g/8 oz/2 kopper tørret kokosnød (revet)

For at lave dejen skal du gnide fedtet og smørret eller margarinen ind i melet, indtil det ligner brødkrummer. Bland med nok vand til at danne en dej, vend ud på en let meldrysset overflade og brug den til at beklæde bunden og siderne af en 30 x 20 cm/12 x 8 pande i en Swiss Roll (gelébrød) pande. Skær alt med en gaffel. Reserver sælerne. Smør dejen med marmelade.

For at forberede fyldet, pisk smør eller margarine og sukker sammen, indtil det er blødt og luftigt. Pisk æggene gradvist, bland derefter mel og citronskal, vend kokos i, fordel marmeladen ovenpå og luk kanterne af dejen. Rul mørdejen ud og lav en rist over panden. Bages i en forvarmet ovn ved 190°C/375°F/gas 5 i 30 minutter, indtil de er gyldenbrune. Skær i firkanter, når de er afkølede.

Brunt sukker og bananbarer

siden 12

75 g/3 oz/1/3 kop smør eller margarine

225 g/8 oz/1 kop blødt brun farin

1 stort æg, let pisket

150 g/5 oz/1¼ kopper almindeligt mel (all-purpose)

5 ml/1 tsk bagepulver

En knivspids salt

100 g/4 oz/1 kop chokoladechips

50 g/2 oz/½ kop tørrede bananchips, groft hakket

Smelt smørret eller margarinen, tag det så af varmen og bland det med sukkeret, lad det køle af til det er lunkent. Pisk ægget i lidt ad gangen, og bland derefter de øvrige ingredienser i til en ret stiv dej. Hvis den er for stærk, så tilsæt lidt mælk. Hæld i en smurt 18 cm/7 kageform og bag i en forvarmet ovn ved 140°C/275°F/gas 1 i 1 time, indtil toppen er sprød. Lad det stå i gryden til det er lunkent, skær det så i skiver og vend det ud for at blive færdigt afkølet på en rist. Blandingen vil være ret klistret, indtil den er afkølet.

Solsikkenøddestænger

af 18

150 g/5 oz/2/3 kop smør eller margarine

45 ml/3 skeer ren honning

Et par dråber mandelessens (ekstrakt)

275 g/10 oz/2½ kopper havregryn

25 g/1 oz/¼ kop skårne mandler

25 g/1 oz/2 spsk solsikkekerner

25 g/1 oz/2 spsk sesamfrø

50 g/2 oz/1/3 kop rosiner

Smelt smørret eller margarinen med honningen, tilsæt derefter alle de øvrige ingredienser og bland godt. Hæld i en smurt 20cm/8cm kageform og jævn overfladen. Tryk forsigtigt på blandingen. Bages i en forvarmet ovn ved 190°C/375°F/gas 5 i 20 minutter. Lad dem køle lidt af, skær dem så i skiver og tag dem ud af formen, når de er afkølet.

Kaffe Firkanter

siden 16

75 g/3 oz/¾ kop almindeligt mel (all-purpose)

50 g/2 oz/¼ kop smør eller margarine, blødgjort

25 g/1 oz/2 spsk blødt brun farin

En knivspids salt

1,5 ml/¼ teskefuld bagepulver (bagepulver)

30 ml/2 skeer mælk

Til fyldet:
75 g/3 oz/1/3 kop smør eller margarine

75 g/3 oz/1/3 kop blødt brun farin

25 g/1 oz/¼ kop chokoladechips

Bland alle kageingredienserne og tilsæt nok mælk til at få en jævn, flydende konsistens. Tryk på en smurt 9 cm/23 cm firkant og bag i en forvarmet ovn ved 180°C/350°F/gas 4 i 15 minutter, indtil den er gyldenbrun.

Til toppingen smelter du smør eller margarine og sukker i en lille gryde, bringer det i kog og koger i 2 minutter under konstant omrøring. Hæld over bunden og sæt tilbage i ovnen i 5 minutter. Drys med chokoladechips og lad dem synke ned i toppen, indtil kagen er afkølet. Skær dem i stænger.

Karamelbakke

siden 16

100 g/4 oz/½ kop smør eller margarine, blødgjort

100 g/4 oz/½ kop blødt brun farin

1 æggeblomme

50 g/2 oz/½ kop mel (alle formål)

50 g/2 oz/½ kop havregryn

Til fyldet:
100 g/4 oz/1 kop mørk chokolade (halvsød)

25 g/1 oz/2 spsk smør eller margarine

30 ml/2 spsk hakkede valnødder

Pisk smør eller margarine, sukker og æggeblomme til det er glat. Tilsæt mel og havre. Tryk i en smurt 30 x 20 cm/12 x 8 form (geléform) og bag i en forvarmet ovn ved 190°C/375°F/gasmærke 5 i 20 minutter.

For at lave toppingen skal du smelte chokoladen og smør eller margarine i en varmefast skål over en gryde med kogende vand. Fordel blandingen ovenpå og drys med valnødder. Lad det køle lidt af, skær derefter i stænger og lad det køle af på bagerist.

Abrikos cheesecake

Giver en 23cm/9

225 g/8 oz/2 kopper honningkager (kiks).

30 ml/2 spsk blødt brun farin

50 g/2 oz/¼ kop smør eller margarine, smeltet

Til fyldet:
15 g/½ oz/1 spsk gelatinepulver

225 g/8 oz/1 kop pulveriseret sukker (meget fint)

250 ml/8 ml oz/1 kop abrikossirup fra en dåse

90 ml/6 spsk brandy eller abrikos brandy

45 ml/3 spsk citronsaft

4 delte æg

450 g/1 pund/2 kopper blød flødeost

250 ml/8 ml oz/1 kop piskefløde

Til fyldet:
400 g/1 stor abrikos med abrikoser i sirup, drænet og konserveret i sirup

90 ml/6 spsk abrikosbrandy

30 ml/2 spsk majsstivelse (majsstivelse)

Bland kiks og sukker i det smeltede smør og tryk i bunden af en 23 cm/9. Bages i en forvarmet ovn ved 160°C/335°F/gas 3 i 10 minutter. Tag den ud af ovnen og lad den køle af.

For at lave fyldet kombineres gelatine og halvdelen af sukkeret med abrikossirup, brandy og citronsaft. Kog ved lav varme i cirka 10 minutter under konstant omrøring, indtil det er tyknet. Tilsæt æggeblommerne, tag af varmen og lad det køle lidt af. Pisk osten til den er jævn. Rør langsomt gelatineblandingen i osten og afkøl den, indtil den er lidt tyk. Pisk æggehviderne til stive toppe, og tilsæt derefter gradvist det resterende sukker, indtil det er skummende og blankt. Pisk fløden stiv. Kombiner begge ingredienser med ost og hæld i den kogte bund. Stil på køl i et par timer, indtil den er fast.

Arranger abrikoshalvdelene oven på cheesecaken. Varm brandy og majsstivelse sammen under omrøring, indtil det er tyknet og klart. Lad det køle lidt af og hæld derefter over abrikoserne til en glasur.

Avocado cheesecake

Forbered en 20 cm kage

225 g/8 oz/2 kopper graham cracker krummer

75 g/3 oz/1/3 kop smør eller margarine, smeltet

Til fyldet:

10 ml/2 skeer gelatinepulver

30 ml/2 spsk vand

2 modne avocadoer

Saft af ½ citron

Revet skal af 1 citron

100 g/4 oz/½ kop flødeost

75 g/3 oz/1/3 kop granuleret sukker (meget fint)

2 æggehvider

300 ml/½ pt/1¼ kop piskefløde eller dobbelt creme (tung)

Bland småkagekrummerne og smeltet smør eller margarine og tryk i bunden og siderne af en smurt 20 cm/8 cm kagedåse. Kold.

Drys gelatine over vand i en skål og lad det stå til det er svampet. Placer beholderen i en gryde med varmt vand og lad det opløses. Lad køle lidt af. Skræl avocadoerne med sten og riv frugtkødet med citronsaft og skind. Pisk ost og sukker. Tilsæt den smeltede gelatine. Pisk æggehviderne stive, og vend dem derefter ind i blandingen med en metalske. Pisk halvdelen af fløden stiv og vend den derefter ind i blandingen. Hæld kagebunden over og afkøl til den er fast.

Pisk den resterende fløde stiv, og fordel den derefter dekorativt over cheesecaken.

Banan cheesecake

Forbered en 20 cm kage

75 g/3 oz/1/3 kop smør eller margarine, smeltet

175 g/6 oz/1½ kop graham cracker krummer

Til fyldet:

2 bananer, revet

350 g/12 oz/1½ kopper fast tofu

100 g/4 oz/½ kop hytteost

Revet skind og saft af 1 citron

Citronskiver til pynt

Bland smør eller margarine og de knuste kiks sammen og tryk i bunden af en smurt 20 cm/8 cm kageform. Bland alle ingredienserne til toppingen og hæld over bunden. Lad afkøle i 4 timer før servering pyntet med citronbåde.

Nem caribisk ostekage

Forbered en 20 cm kage

75 g/3 oz/1/3 kop smør eller margarine

175 g/6 oz/1¾ kop almindeligt mel (all-purpose)

En knivspids salt

30 ml/2 spsk koldt vand

400 gr/1 stor dåse ananas, drænet og hakket

150 g/5 oz/2/3 kop hytteost

2 æg, adskilt

15 ml/1 spsk rom

Gnid smørret eller margarinen ind i melet og saltet, indtil det ligner brødkrummer. Tilsæt nok vand til at lave en pasta (pasta). Rul ud og brug til at beklæde en 20 cm/8 tommer flammering. Rør ananas, ost, æggeblommer og rom i. Pisk æggehviderne stive, og vend dem derefter ind i blandingen. Ske i etui (skal). Bages i en forvarmet ovn ved 200°C/400°F/gas 6 i 20 minutter. Lad den køle af i gryden, inden den tages ud.

Kirsebærkage med kirsebær

Forbered en 20 cm kage

75 g/3 oz/1/3 kop smør eller margarine, smeltet

175 g/6 oz/1½ kop graham cracker krummer

Til fyldet:

350 g/12 oz/1½ kopper fast tofu

100 g/4 oz/½ kop hytteost

Revet skind og saft af 1 citron

400 g/1 stor dåse drænede sorte kirsebær

Bland smør eller margarine og de knuste kiks sammen og tryk i bunden af en smurt 20 cm/8 cm kageform. Pisk tofu, ost, citronsaft og skal sammen, og rør derefter kirsebærene i og hæld over bunden. Stil på køl i 4 timer før servering.

Kokos og abrikos cheesecake

Forbered en 20 cm kage

Til dejen:

200 g/7 oz/1¾ kop tørret kokosnød (revet)

75 g/3 oz/1/3 kop smør eller margarine, smeltet

Til fyldet:

120 ml/4 ml oz/½ kop kondenseret mælk

30 ml/2 spsk citronsaft

250 g/1 krukke flødeost

120 ml/4 ml oz/½ kop dobbelt creme (tung)

Til fyldet:

5 ml/1 ske gelatinepulver

30 ml/2 spsk vand

100 g/4 oz/1/3 kop abrikosmarmelade (på dåse), drænet

30 ml/2 spsk rørsukker (meget fint)

Rist kokosnødden i en slip-let pande, indtil den er gyldenbrun. Vend smør eller margarine i, og tryk derefter blandingen i en 20 cm/8 tommer kagedåse. Kold.

Rør kondenseret mælk og citronsaft i, rør derefter flødeosten i, pisk fløden stiv, og vend den derefter i blandingen. Hæld i kokosbunden.

Kom gelatine og vand i en gryde ved meget lav varme og rør syltetøj og sukker i et par minutter, indtil det er klart og godt blandet. Hæld fyldet over, lad det køle af og stil det på køl, indtil det er fast.

Blåbær cheesecake

Giver en 23cm/9

100 g/4 oz/1 kop graham cracker krummer

50 g/2 oz/¼ kop smør eller margarine, smeltet

225 g/8 oz blåbær, skyllet og drænet

150 ml/¼ pt/2/3 kop vand

150 g/5 oz/2/3 kop strøsukker (meget fint)

15 g/½ oz/1 spsk gelatinepulver

60 ml/4 spsk vand

225 g/8 oz/1 kop flødeost

175 g/6 oz/¾ kop hytteost

5 ml/1 tsk vaniljeessens (ekstrakt)

Bland kiksekrummerne og smeltet smør og tryk i bunden af en smurt 23 cm/9 cm kageform. Kold.

Kom blåbærene, 150 ml/¼ pt/ 2/3 kop vand og sukkeret i en gryde og bring det i kog. Kog i 10 minutter, rør af og til. Drys gelatine over 60 ml/4 spsk vand i en skål og lad det stå til det er svampet. Placer beholderen i en gryde med varmt vand og lad det opløses. Rør gelatine i tranebærblandingen, fjern fra varmen og lad afkøle lidt. Kombiner oste og vaniljeessens. Hæld blandingen i bunden og fordel den jævnt. Stil på køl i et par timer, indtil den er fast.

Ingefær cheesecake

Til en 900g/2lb kage

275 g/10 oz/2½ kopper Ginger Cookies (Cookies) Krummer

100 g/4 oz/½ kop smør eller margarine, smeltet

225 g/8 oz/1 kop flødeost

150 ml/¼ pt/2/3 kop dobbelt creme (tung)

100 g/4 oz/½ kop strøsukker (meget fint)

15 ml/1 spsk revet ingefær

15 ml/1 spsk brandy eller ingefærsirup

2 æg, adskilt

Saft af 1 citron

15 g/½ oz/1 spsk gelatinepulver

Bland småkagerne i smørret. Bland flødeost, fløde, sukker, ingefær og brandy eller ingefærsirup sammen. Pisk æggeblommerne. Hæld citronsaften i en gryde og drys gelatinen over. Lad det koge et par minutter og smelt derefter ved svag varme. Må ikke koge. Pisk æggehviderne til bløde toppe. Bland godt 15 ml/1 spsk i osteblandingen. Fold forsigtigt resten. Hæld halvdelen af blandingen i et let smurt 900g bradefad. Drys jævnt med halvdelen af småkageblandingen. Tilføj endnu et lag af den resterende kiks og osteblanding. Lad det stå i køleskabet et par timer. Dyp formen i kogende vand i et par sekunder, dæk den derefter med en tallerken og tag den ud af formen klar til servering.

Ingefær og citron cheesecake

Forbered en 20 cm kage

175 g/6 oz/1½ kopper honningkager (kiks)

50 g/2 oz/¼ kop smør eller margarine, smeltet

15 g/1 ske gelatine

30 ml/2 spsk koldt vand

2 citroner

100 g/4 oz/½ kop hytteost

100 g/4 oz/½ kop flødeost

50 g/2 oz/¼ kop pulveriseret sukker (meget fint)

150 ml/¼ pt/2/3 kop almindelig yoghurt

150 ml/¼ pt/2/3 kop dobbelt creme (tung)

Bland småkagekrummerne i smørret eller margarinen. Tryk blandingen ned i bunden af en 20 cm/8 flad ring. Drys gelatinen over vandet, og opløs den derefter i en lille gryde med varmt vand. Skær tre strimler skræl fra en citron. Riv det resterende skal fra begge citroner. Skær citronerne i tern, fjern kerner og skind, og purér frugtkødet i en foodprocessor eller blender. Tilsæt osten og bland. Tilsæt sukker, yoghurt og fløde og bland igen. Bland gelatinen sammen. Hæld over bunden og stil på køl til den er tyknet. Pynt med citronskal.

Cheesecake med hasselnødder og honning

Giver en 23cm/9

175 g/6 oz/1½ kop graham cracker krummer

75 g/3 oz/1/3 kop smør eller margarine, smeltet

100 g/4 oz/1 kop hasselnødder

225 g/8 oz/1 kop flødeost

60 ml/4 skeer ren honning

2 æg, adskilt

15 g/½ oz/1 spsk gelatinepulver

30 ml/2 spsk vand

250 ml/8 ml oz/1 kop dobbelt creme (tung)

Bland kiks og smør og tryk i bunden af en 23 cm/9 cm løsbundet kageform. Gem nogle hasselnødder til pynt og hak resten. Bland flødeost, honning og æggeblommer og pisk dem godt. Drys imens gelatinen over vandet og lad det stå til det bliver svampet. Sæt beholderen i en gryde med varmt vand og rør, indtil den er opløst. Tilsæt flødeostblandingen. Pisk æggehviderne stive og vend dem forsigtigt i blandingen. Hæld over bunden og stil på køl til den er fast. Pynt med hele hasselnødder.

Ostekage med vindruer og ingefær

Giver en 23cm/9

3 stykker ingefærrod, skåret i tynde skiver

50 g/2 oz/¼ kop granuleret sukker

75 ml/5 spsk vand

225 g/8 oz aubergine

2 oz/50 g/1/2 pakke gelatine med limesmag (jello)

15 g/½ oz/1 spsk gelatinepulver

Revet skal og saft af ½ citron

225 g/8 oz/1 kop flødeost

75 g/3 oz/1/3 kop granuleret sukker (meget fint)

2 æg, adskilt

300 ml/½ pt/1¼ kop dobbelt creme (tung)

75 g/3 oz/1/3 kop smør eller margarine, smeltet

175 g/6 oz/1½ kopper honningkager (kiks)

Smør og beklæd en 9 cm/23 cm bredbundet tærtering. Arranger ingefærstilken rundt om kanten af bunden. Opløs perlesukkeret i vandet i en gryde og bring det derefter i kog. Tilsæt auberginerne og kog i cirka 15 minutter, indtil de er bløde. Fjern auberginerne fra siruppen med en hulske, og læg dem i midten af den forberedte kageform. Mål siruppen og fyld med vand til 275 ml/9 floz/scannerkop. Vend tilbage til lav varme og rør gelatine i, indtil det er opløst. Tag den af varmen og lad den stå til den begynder at tykne. Hæld auberginen over og stil den på køl, indtil den er fast.

Drys gelatinen over 45 ml/3 spsk citronsaft i en skål og lad den blive svampet. Placer beholderen i en gryde med varmt vand og lad det opløses. Pisk flødeosten med citronskal, perlesukker, æggeblommer, gelatine og halvdelen af fløden. Pisk den resterende fløde, indtil den er tyk, og vend den derefter ind i blandingen. Pisk æggehviderne stive og tilsæt dem derefter let. Hæld i forme og afkøl indtil fast.

Bland smør eller margarine og småkagerne sammen og drys over cheesecaken. Tryk let for at fastgøre bunden. Stil på køl til den er fast.

Dyp bunden af gryden i varmt vand i et par sekunder, kør en kniv langs kanten af cheesecaken, og vend den derefter over på et serveringsfad.

Let lemon curd

Forbered en 20 cm kage

Til basen:

50 g/2 oz/¼ kop smør eller margarine

50 g/2 oz/¼ kop pulveriseret sukker (meget fint)

100 g/4 oz/1 kop graham cracker krummer

Til fyldet:

225 g/8 oz/1 kop fuldkorns blød ost

2 æg, adskilt

100 g/4 oz/½ kop strøsukker (meget fint)

Revet skal af 3 citroner

150 ml/¼ pt/2/3 kop dobbelt creme (tung)

Saft af 1 citron

45 ml/3 spsk vand

15 g/½ oz/1 spsk gelatinepulver

Til fyldet:

45 ml/3 spsk lemon curd

For at forberede bunden, smelt smør eller margarine og sukker over lav varme. Kombiner kikskrummerne. Åbn bunden af en 20 cm/8 kagedåse (kagefade) og stil den i køleskabet.

For at forberede fyldet skal du blødgøre osten i en stor skål. Pisk æggeblommer, halvdelen af sukkeret, citronskal og fløde. Kom citronsaft, vand og gelatine i en skål og opløs det i en gryde med varmt vand. Hæld osteblandingen i og lad den stå. Pisk æggehviderne stive, og tilsæt derefter det resterende perlesukker. Vend forsigtigt, men grundigt i osteblandingen. Hæld det over bunden og niveller overfladen. Stil i køleskabet i 3-4 timer, indtil den er kogt. Vi smører den med citroncreme til sidst.

Citron og granola cheesecake

Forbered en 20 cm kage

175 g / 6 oz / generøs 1 kop granola

75 g/3 oz/1/3 kop smør eller margarine, smeltet

Finrevet skal og saft af 2 citroner

15 g/½ oz/1 spsk gelatinepulver

225 g/8 oz/1 kop flødeost

150 ml/¼ pt/2/3 kop almindelig yoghurt

60 ml/4 skeer ren honning

2 æggehvider

Bland granolaen med smør eller margarine og tryk i bunden af en smurt 20 cm kagedåse. Chill indtil sæt.

Lav citronsaft op til 150 ml/¼ pt/2/3 kop vand. Drys med gelatine og lad det stå til det er blødt. Læg beholderen i en gryde med varmt vand og varm forsigtigt op, indtil gelatinen er opløst. Bland citronskal, ost, yoghurt og honning i, vend derefter gelatinen i, pisk æggehviderne, indtil der dannes stive toppe, og vend derefter forsigtigt i cheesecakeblandingen. Hæld over bunden og lad afkøle, indtil den er stivnet.

Cheesecake med ost

Forbered en 20 cm kage

200 g/7 oz/1¾ kop graham cracker krummer

75 g/3 oz/1/3 kop smør eller margarine, smeltet

Til fyldet:

275 g/10 oz/1 stor mandarin, drænet

15 g/½ oz/1 spsk gelatinepulver

30 ml/2 spsk varmt vand

150 g/5 oz/2/3 kop hytteost

150 ml/¼ pt/2/3 kop almindelig yoghurt

Bland kikskrummerne og smør eller margarine og tryk i bunden af en 20 cm/8 tommer løsbundet kageform. Kold. Riv mandarinerne med bagsiden af en ske. Drys gelatine over vand i en lille skål og lad den stå til den er svampet. Læg beholderen i en gryde med kogende vand og lad det opløses. Bland mandariner, ricotta og yoghurt sammen. Tilsæt gelatinen. Hæld fyldblandingen over bunden og sæt den på køl, indtil den stivner.

Cheesecake med citron og valnødder

Forbered en 20 cm kage

Til basen:

225 g/8 oz/2 kopper graham cracker krummer

25 g/1 ounce/2 spsk granuleret sukker (meget fint)

5 ml/1 tsk stødt kanel

50 g/2 oz/¼ kop smør eller margarine, smeltet

Til fyldet:

15 g/½ oz/1 spsk gelatinepulver

30 ml/2 spsk koldt vand

2 æg, adskilt

100 g/4 oz/½ kop strøsukker (meget fint)

350 g/12 oz/1½ kopper fuldkorns blød ost

Revet skind og saft af 1 citron

150 ml/¼ pt/2/3 kop dobbelt creme (tung)

25 g/1 oz/¼ kop hakkede blandede nødder

Bland småkage, sukker og kanel i smørret eller margarinen. Beklæd bunden og siderne af en 20 cm/8 tommer kageform i en form (pande). Kold.

For at lave fyldet, opløs gelatinen i vandet i en lille skål. Læg beholderen i en gryde med varmt vand og rør, indtil gelatinen er opløst. Fjern fra varmen og lad afkøle lidt. Pisk æggeblommer og sukker sammen. Stil skålen over en gryde med kogende vand og fortsæt med at røre, indtil blandingen er tyk og let. Fjern fra varmen og rør til det er lunkent. Tilsæt ost, citronskal og saft, pisk fløden stiv, og vend derefter i nøddeblandingen. Tilsæt forsigtigt gelatinen. Pisk æggehviderne stive, og vend dem derefter ind i blandingen. Hæld over bunden og stil på køl et par timer eller natten over inden servering.

Key lime cheesecake

Serverer 8

Til basen:

40 g/1½ oz/2 spsk ren honning

50 g/2 oz/¼ kop demerara sukker

225 g/8 oz/2 kopper havregryn

100 g/4 oz/½ kop smør eller margarine, smeltet

Til fyldet:

225 g/8 oz/1 kop kvark

250 ml/8 ml oz/1 kop almindelig yoghurt

2 æg, adskilt

50 g/2 oz/¼ kop pulveriseret sukker (meget fint)

Revet skal og saft af 2 limefrugter

15 g/½ oz/1 spsk gelatinepulver

30 ml/2 spsk kogende vand

Bland honning, demerara sukker og havre i smørret eller margarinen. Tryk i bunden af en 20 cm smurt form.

For at lave fyldet blandes kvark, creme fraiche, æggeblommer, sukker og citronskal sammen. Drys gelatinen over citronsaft og varmt vand og lad det opløses. Varm over en skål med varmt vand, indtil den er gennemsigtig, tilsæt derefter blandingen og rør forsigtigt, indtil den begynder at tykne. Pisk æggehviderne, indtil der dannes bløde toppe, og vend dem derefter i blandingen. Hæld det over den forberedte bund og lad det stivne.

San Clemente Cheesecake

Forbered en 20 cm kage

50 g/2 oz/¼ kop smør eller margarine

100 g/4 oz/1 kop graham cracker krummer

2 æg, adskilt

En knivspids salt

100 g/4 oz/½ kop strøsukker (meget fint)

45 ml/3 spsk appelsinjuice

45 ml/3 spsk citronsaft

15 g/1 ske gelatine

30 ml/2 spsk koldt vand

350 g/12 oz/1½ kop hytteost, sigtet

150 ml/¼ pt/2/3 kop dobbelt (tung) fløde, pisket

1 appelsin, skrællet og skåret i skiver

Smør en 20 cm/8 cm kageform i en løsbundet kageform og drys med kiks. Pisk æggeblommerne med salt og halvdelen af sukkeret, indtil der opnås en tyk og cremet masse. Kom appelsinen og citronsaften i en skål og rør rundt i en gryde med varmt vand, indtil blandingen begynder at tykne og dækker bagsiden af en ske. Opløs gelatinen i koldt vand og varm den lidt op, indtil der opnås en sirup. Hæld frugtjuiceblandingen i, og lad den køle af, mens du rører af og til. Tilsæt ricotta og fløde. Pisk æggehviderne stive, tilsæt derefter det resterende sukker, vend cheesecakeblandingen i og hæld i gryden. Stil på køl til den er fast. Fjern formen og drys med de løse krummer. Serveres pyntet med appelsinskiver.

Påske

Giver en 23cm/9

450 g/1 pund/2 kopper flødeost

100 g/4 oz/½ kop smør eller margarine, blødgjort

150 g/5 oz/2/3 kop strøsukker (meget fint)

150 ml/¼ pt/2/3 kop creme fraiche (mælkedej)

175 g/6 oz/1 kop sultanas (rosiner)

50 g/2 oz/¼ kop glacekirsebær (kandiserede).

100 g/4 oz/1 kop mandler

50 g/2 oz/1/3 kop hakkede blandede (kandiserede) skræller

Bland ost, smør eller margarine, sukker og yoghurt, indtil det er godt blandet. Bland de resterende ingredienser. Hæld i en savarinform, dæk til og lad afkøle natten over. Dyp formen i en gryde med varmt vand i et par sekunder, kør en kniv rundt om kanten af formen og vend cheesecaken på en tallerken. Afkøl før servering.

Simpel ananas cheesecake

Lav en tærte på 25 cm/10 tommer

225 g/8 oz/1 kop smør eller margarine

225 g/8 oz/2 kopper graham cracker krummer

450 g/1 pund/2 kopper kvark

1 sammenpisket æg

5 ml/1 skefuld mandelessens (ekstrakt)

15 ml/1 spsk granuleret sukker (meget fint)

25 g/1 oz/¼ kop malede mandler

100 g/4 oz ananas på dåse, hakket

Smelt halvdelen af smørret eller margarinen og tilsæt de knuste kiks. Tryk i bunden af en 25 cm/10 kageform og lad den køle af. Pisk det resterende smør eller margarine med kvark, æg, mandelessens, sukker og malede mandler. Læg ananasen. Fordel på kagebunden og stil på køl i 2 timer.

Ananas cheesecake

Forbered en 20 cm kage

75 g/3 oz/1/3 kop smør eller margarine, smeltet

175 g/6 oz/1½ kop graham cracker krummer

15 g/½ oz/1 spsk gelatinepulver

425 g/15 oz/1 stor ananas med naturlig juice, drænet og juice sat til side

3 æg, adskilt

75 g/3 oz/1/3 kop granuleret sukker (meget fint)

150 ml/¼ pt/2/3 kop enkelt creme (let)

150 ml/¼ pt/2/3 kop dobbelt creme (tung)

225 g/8 oz/2 kopper cheddarost, revet

150 ml/¼ pt/2/3 kop mælk

150 ml/¼ pt/2/3 kop piskefløde

Bland smør eller margarine i kikskrummerne og tryk i bunden af en 20 cm/8 tommer løsbundet kageform. Stil på køl til den er fast. Drys gelatinen over 30 ml/2 spsk af den reserverede ananasjuice i en skål og lad den brune. Læg lidt ananas til side til pynt, hak derefter resten og læg på kagebunden. Placer beholderen i en gryde med varmt vand og lad det opløses. Pisk æggeblommer, sukker og 150 ml/¼ pt/2/3 kop af den reserverede ananasjuice sammen i en varmefast skål over en gryde med kogende vand, indtil de er tykke og adskilt fra vedhæftningen. Fjern fra varmen. Pisk fløde og fløde til det er tykt, tilsæt ost og mælk, og vend derefter i æggeblandingen med gelatinen. Lad det køle af. Pisk æggehviderne stive, og vend dem derefter forsigtigt i blandingen. Sprøjt flødeskum og rosetter på toppen af kagen, og pynt derefter med den reserverede ananas.

Ostekage med rosiner

Serverer 8

Til basen:

100 g/4 oz/½ kop smør eller margarine

40 g/1½ oz/2 spsk ren honning

50 g/2 oz/¼ kop demerara sukker

225 g/8 oz/2 kopper havregryn

Til fyldet:

225 g/8 oz/1 kop hytteost

150 ml/¼ pt/2/3 kop almindelig yoghurt

150 ml/¼ pt/2/3 kop creme fraiche (mælkedej)

50 g/2 oz/1/3 kop rosiner

15 g/½ oz/1 spsk gelatinepulver

60 ml/4 spsk kogende vand

Smelt smør eller margarine, og tilsæt derefter honning, sukker og havre. Tryk i bunden af en 20 cm smurt form.

For at forberede fyldet, læg ostemassen i en skål og bland den med yoghurt og creme fraiche. Kombiner rosinerne. Drys gelatinen over det varme vand og lad det opløses. Varm over en skål med varmt vand, indtil den er gennemsigtig, tilsæt derefter blandingen og rør forsigtigt, indtil den begynder at tykne. Hæld det over den forberedte bund og lad det stivne.

Hindbær cheesecake

Der laves en kage på 15 cm

75 g/3 oz/1/3 kop smør eller margarine, smeltet

175 g/6 oz/1½ kop graham cracker krummer

3 æg, adskilt

300 ml/½ pt/1¼ kop mælk

25 g/1 ounce/2 spsk granuleret sukker (meget fint)

15 g/1 ske gelatine

30 ml/2 spsk koldt vand

225 g/8 oz/1 kop flødeost, let pisket

Revet skal og saft af ½ citron

450 g hindbær

Bland smør eller margarine og kiks sammen og tryk i bunden af en 15 cm bredbundet kagedåse. Lad det køle af, mens fyldet tilberedes.

Pisk æggeblommerne, kom dem derefter i en gryde med mælk og varm dem forsigtigt op under konstant omrøring, indtil cremen tykner. Tag af varmen og rør sukkeret i, drys gelatinen over det varme vand og lad det opløses. Varm over en skål med varmt vand, indtil den er gennemsigtig, og bland derefter osten med fløde, citronskal og saft. Pisk æggehviderne stive, tilsæt dem derefter til blandingen og hæld dem over bunden. Koldt at sætte. Pynt med hindbær lige inden servering.

Siciliansk cheesecake

Lav en tærte på 25 cm/10 tommer

900 g/2 pund/4 kopper hytteost

100 g/4 oz/2/3 kop pulveriseret sukker (konfekture)

5 ml/1 tsk revet appelsinskal

100 g/4 oz/1 kop mørk (halvsød) chokolade, hakket

275 g/10 oz hakket blandet frugt

275 g/10 oz ladyfingers (kiks) eller svampekage, skåret i skiver

175 ml/6 ml ounce/¾ kop rom

Pisk ricottaen med halvdelen af sukkeret og appelsinskallen. Gem 15 ml/1 spsk af chokoladen og frugten til dekoration, og fold derefter resten i blandingen. Beklæd en 25 cm/10 kageform (tebaka) med husholdningsfilm (plastfolie). Dyp kiksene eller kagen i rommen for at fugte, og brug derefter det meste til at dække bunden og siderne af gryden. Fordel osteblandingen indeni. Dyp de resterende kiks i rommen og brug til at dække osteblandingen. Dæk med folie (plastfolie) og tryk ned. Stil på køl i 1 time, indtil den er fast. Fjern formen med husholdningsfilm, drys med det resterende sukker og pynt med den reserverede chokolade og frugt.

Yoghurt cheesecake med glasur

Giver en 23cm/9

Til basen:

2 æg

75 g/3 oz/¼ kop ren honning

100 g/4 oz/1 kop fuldkornshvedemel (fuldkorn)

10 ml/2 tsk bagepulver

Et par dråber vaniljeessens (ekstrakt)

Til fyldet:

25 g/1 oz/2 spsk gelatinepulver

30 ml/2 spsk rørsukker (meget fint)

75 ml/5 spsk vand

225 g/8 oz/1 kop almindelig yoghurt

225 g/8 oz/1 kop blød flødeost

75 g/3 oz/¼ kop ren honning

250 ml/8 ml oz/1 kop piskefløde

Til fyldet:

100 gram hindbær

45 ml/3 spsk marmelade (på dåse)

15 ml/1 spsk vand

For at forberede bunden skal du piske æg og honning til skum. Bland gradvist mel, bagepulver og vaniljeessens i til en blød dej. Vend ud på en let meldrysset overflade og læg i bunden af en smurt 23 cm/9 cm kagedåse (kagedåse). Bages i en forvarmet ovn ved 200°C/400°F/gas 6 i 20 minutter. Tag den ud af ovnen og lad den køle af.

For at lave fyldet, opløs gelatine og sukker i vand i en lille skål og lad blandingen stå i en gryde med varmt vand, indtil den bliver gennemsigtig. Fjern fra vandet og lad afkøle lidt. Pisk yoghurt, flødeost og honning sammen, indtil det er godt blandet. Pisk fløden stiv. Hæld fløden i yoghurtblandingen, hæld derefter gelatinen, hæld over bunden og lad det stivne.

Anret hindbærene ovenpå i et smukt mønster. Opløs syltetøjet med vand og før det derefter gennem en sigte (filter). Pensl toppen af cheesecaken og lad den køle af inden servering.

Jordbær cheesecake

Forbered en 20 cm kage

100 g/4 oz/1 kop graham cracker krummer

25 g/1 oz/2 spsk demerara sukker

50 g/2 oz/¼ kop smør eller margarine, smeltet

15 ml/1 ske gelatinepulver

45 ml/3 spsk vand

350 g/12 oz/1½ kop hytteost

50 g/2 oz/¼ kop pulveriseret sukker (meget fint)

Revet skind og saft af 1 citron

2 æg, adskilt

300 ml/½ pt/1¼ kop enkelt creme (let)

100 g/4 oz jordbær, skåret i skiver

120 ml/4 ml oz/½ kop dobbelt (tung) fløde, pisket

Bland småkagekrummer, demerara-sukker og smør eller margarine og tryk i bunden af en 8-tommer/8-tommer bund kageform. Stil på køl til den er fast.

Drys gelatinen over vandet og lad det blive til en svamp. Placer beholderen i en gryde med varmt vand og lad den sidde. Bland ost, perlesukker, citronskal og -saft, æggeblommer og fløde sammen. Tilsæt gelatinen. Pisk æggehviderne stive, og vend dem derefter i osteblandingen. Hæld over bunden og stil på køl til den er fast.

Arranger jordbærene ovenpå cheesecaken og fordel cremen rundt i kanten til pynt.

Cheesecake og Sultana Raki

Forbered en 20 cm kage

100 g/4 oz/2/3 kop sultanas (rosiner)

45 ml/3 spsk brandy

100 g/4 oz/½ kop smør eller margarine, blødgjort

100 g/4 oz/½ kop blødt brun farin

75 g/3 oz/¾ kop almindeligt mel (all-purpose)

75 g/3 oz/¾ kop malede mandler

2 æg, adskilt

225 g/8 oz/1 kop flødeost

100 g/4 oz/½ kop hytteost (glat hytteost)

Et par dråber vaniljeessens (ekstrakt)

150 ml/¼ pt/2/3 kop dobbelt creme (tung)

Læg sultanerne i en skål med brandy og lad dem koge, indtil de bliver kødfulde. Pisk smør eller margarine og 50 g/2 oz/¼ kop sukker sammen, indtil det er lyst og luftigt. Bland mel og malede mandler og bland det hele sammen. Tryk i en smurt og meldrysset form på 20 cm/8 cm og bag i en forvarmet ovn ved 180°C/350°F/gas 4 i 12 minutter, indtil de er gyldenbrune. Lad det køle af.

Pisk æggeblommerne med halvdelen af det resterende sukker. Pisk oste, vaniljeessens, sultanas og brandy, pisk fløden stiv og vend derefter i blandingen. Pisk æggehviderne stive, tilsæt derefter det resterende sukker og pisk igen, indtil de er skummende og blanke. Rør i osteblandingen. Hæld den kogte bund over og stil den på køl i et par timer, indtil den er fast.

Bagt cheesecake

Forbered en 20 cm kage

50 g/2 oz/¼ kop smør eller margarine, smeltet

225 g/8 oz/2 kopper graham cracker krummer

225 g/8 oz/1 kop hytteost

100 g/4 oz/½ kop strøsukker (meget fint)

3 æg, adskilt

25 g/1 oz/¼ kop majsstivelse (majsstivelse)

2,5 ml/½ tsk vaniljeessens (ekstrakt)

400 ml/14 floz/1¾ kop creme fraiche (mælkedej)

Rør smør eller margarine og de knuste kiks sammen og tryk i bunden af en smurt 20 cm/8 cm kageform. Bland alle de øvrige ingredienser undtagen æggehviderne. Pisk æggehviderne stive, tilsæt dem derefter til blandingen og hæld dem over kagernes bund. Bages i en forvarmet ovn ved 150°C/300°F/gas 3 i 1,5 time. Sluk for ovnen og åbn lågen lidt. Lad mælken stå i ovnen, indtil den er afkølet.

Bagte ostebarer

siden 16

75 g/3 oz/1/3 kop smør eller margarine

100 g/4 oz/1 kop mel (alle formål))

75 g/3 oz/1/3 kop blødt brun farin

50 g/2 oz/½ kop hakkede pekannødder

225 g/8 oz/1 kop flødeost

50 g/2 oz/¼ kop pulveriseret sukker (meget fint)

1 æg

30 ml/2 skeer mælk

5 ml/1 tsk citronsaft

2,5 ml/½ tsk vaniljeessens (ekstrakt)

Gnid smørret eller margarinen ind i melet, indtil det ligner brødkrummer. Bland brun farin og valnødder. Tryk alt undtagen 100 g/1 kop af blandingen i en smurt 20 cm kageform. Bages i en forvarmet ovn ved 180°C/350°F/gas 4 i 15 minutter, indtil de er let brunede.

Pisk flødeost og perlesukker sammen til det er glat. Pisk æg, mælk, citronsaft og vaniljeessens sammen. Fordel blandingen over tærteformen og dryp med den reserverede jordnøddesmørblanding. Vi bager den i yderligere 30 minutter, indtil den er sat og let brunet på overfladen. Lad det køle af, stil derefter på køl og server koldt.

Amerikansk Cheesecake

Giver en 23cm/9

175 g/6 oz/1½ kop graham cracker krummer

15 ml/1 spsk granuleret sukker (meget fint)

50 g/2 oz/¼ kop smør eller margarine, smeltet

Til fyldet:

450 g/1 pund/2 kopper flødeost

450 g/1 pund/2 kopper hytteost

250 g/9 oz/bundt 1 kop strøsukker (meget fint)

10 ml/2 tsk vaniljeessens (ekstrakt)

5 delte æg

400 ml/14 ml oz/1 stor dåse inddampet mælk

120 ml/4 ml oz/½ kop dobbelt creme (tung)

30 ml/2 spsk mel (alle formål)

En knivspids salt

15 ml/1 spsk citronsaft

Bland kiks og sukker i det smeltede smør og tryk i bunden af en 23 cm/9 cm tærteform.

For at lave fyldet, bland ostene og bland derefter sukker og vaniljeessens, tilsæt æggeblommerne, derefter den inddampede mælk, fløde, mel, salt og citronsaft. Pisk æggehviderne stive, og vend dem derefter forsigtigt i blandingen. Hæld i formen og bag i en forvarmet ovn ved 180°C/350°F/gas 4 i 45 minutter. Lad det køle langsomt af, og køl derefter af inden servering.

Hollandsk bagt æbleostkage

Forbered en 20 cm kage

100 g/4 oz/½ kop smør eller margarine

175 g/6 oz/1½ kop graham cracker krummer

2 bordæbler (dessert), skrællede, udkernede og skåret i skiver

100 g/4 oz/2/3 kop sultanas (rosiner)

225 g/8 oz/2 kopper Gouda ost, revet

25 g/1 oz/¼ kop mel (alle formål))

75 ml/5 spsk enkelt creme (let)

2,5 ml/½ tsk malet blandet krydderi (æblekage).

Revet skind og saft af 1 citron

3 æg, adskilt

100 g/4 oz/¾ kop strøsukker (meget fint)

2 rødskallede æbler, udkernede og skåret i skiver

30 ml/2 spsk abrikosmarmelade (på dåse), siet (filtreret)

Smelt halvdelen af smørret eller margarinen og tilsæt de knuste kiks. Pres blandingen ned i bunden af en 20cm/8 kageform med løs bund. Smelt det resterende smør og steg (steg) æblerne, indtil de er bløde og gyldenbrune. Dræn det overskydende fedt, lad det afkøle lidt, fordel derefter bunden af småkagerne og drys med sultanas.

Bland ost, mel, fløde, blandede krydderier, citronsaft og skal. Bland æggeblommer og sukker og vend det i osteblandingen, indtil det er godt blandet. Pisk æggehviderne stive, og vend dem derefter ind i blandingen. Hæld i den forberedte form og bag i en forvarmet ovn ved 180°C/350°F/gas 4 i 40 minutter, indtil den er fast i midten. Lad det køle af i formen.

Arranger æbleskiverne i cirkler rundt om toppen af tærten. Varm marmeladen op og pensl den over æblerne for at glasere.

Ostekage med abrikoser og ristede hasselnødder

For en 18 cm/7

75 g/3 oz/1/3 kop smør eller margarine

100 g/4 oz/1 kop mel (alle formål))

100 g/4 oz/½ kop strøsukker (meget fint)

25 g/1 oz/¼ kop malede hasselnødder

30 ml/2 spsk koldt vand

100 g/4 oz/2/3 kop spiseklare tørrede abrikoser, hakket

Revet skind og saft af 1 citron

100 g/4 oz/½ kop hytteost (glat hytteost)

100 g/4 oz/½ kop flødeost

25 g/1 oz/¼ kop majsstivelse (majsstivelse)

2 æg, adskilt

15 ml/1 skefuld pulveriseret sukker (til kager)

Gnid smørret eller margarinen ind i melet, indtil det ligner brødkrummer. Bland halvdelen af sukkeret og hasselnødderne, og tilsæt derefter nok vand til at lave en stiv pasta (makaroni). Åbn og brug til at beklæde en 18cm/7 smurt bundring. Fordel abrikoserne over bunden. Kom citronskal og -saft og oste i en foodprocessor eller blender. Kombiner det resterende sukker, majsstivelse og æggeblommer, indtil blandingen er glat og cremet. Pisk æggehviderne stive, kom dem derefter i massen og fordel den over nudlerne. Bages i en forvarmet ovn ved 180°C/350°F/gas 4 i 30 minutter, indtil de er gyldenbrune. Lad det køle lidt af, og drys derefter flormelis ovenpå og server lunt eller koldt.

Bagt abrikos og appelsin cheesecake

Serverer 8

Til makaroni (pasta):
75 g/3 oz/1/3 kop smør eller margarine

175 g/6 oz/1½ kopper mel (all-purpose)

En knivspids salt

30 ml/2 spsk vand

Til fyldet:
225 g/8 oz/1 kop ricotta (glat ricotta)

75 ml/5 skeer mælk

2 æg, adskilt

30 ml/2 skeer ren honning

3 dråber appelsinessens (ekstrakt)

Revet skind af 1 appelsin

25 g/1 oz/¼ kop mel (alle formål))

75 g/3 oz/½ kop abrikoshalvdele, hakket

Gnid smørret eller margarinen ind i melet og saltet, indtil det ligner brødkrummer. Tilsæt gradvist nok vand til at lave en blød dej. Vend ud på en let meldrysset overflade og beklæd en 20 cm/8 smurt ring. Beklæd med bagepapir (olie) og bønner og bag i forvarmet ovn ved 200°C/400°F/gas 6 i 10 minutter, fjern derefter papir og bønner, reducer ovntemperaturen til 190°C/375°F/gasmærke 5 og kog sagen (tærteskal) i yderligere 5 minutter.

Bland i mellemtiden ost, mælk, æggeblommer, honning, appelsinskal, appelsinskal og mel, indtil det er glat. Pisk æggehviderne, indtil der dannes bløde toppe, og vend dem

derefter i blandingen. Hæld i sprøjtepose og drys abrikoser over.
Bag den i den forvarmede ovn i 20 minutter, indtil den stivner.

ricotta og abrikos cheesecake

Giver en 23cm/9

100 g/4 oz/½ kop smør eller margarine

225 g/8 oz/2 kopper graham cracker krummer

75 g/3 oz/1/3 kop granuleret sukker (meget fint)

5 ml/1 tsk stødt kanel

900 g/2 pund/4 kopper hytteost

30 ml/2 spsk mel (alle formål)

2,5 ml/½ tsk vaniljeessens (ekstrakt)

Revet skal af 1 citron

3 æggeblommer

350 g/12 oz abrikoser, udstenede (udstenede) og halveret

50 g/2 oz/½ kop skårne mandler

Smelt smørret, tilsæt derefter kiks, 30ml/2 spsk sukker og kanel. Tryk blandingen i en smurt 23cm/9cm kageform (form). Pisk ricottaen med det resterende sukker, mel, vaniljeessens og citronskal i 2 minutter. Tilsæt gradvist æggeblommerne, indtil blandingen er jævn. Hæld halvdelen af fyldet over kagernes bund. Læg abrikoserne ovenpå fyldet, drys med mandler og hæld derefter det resterende fyld ovenpå. Bages i en forvarmet ovn ved 180°C/350°F/gas 4 i 15 minutter, indtil den er fast at røre ved. Lad det køle af, og sæt det derefter på køl.

Boston cheesecake

Giver en 23cm/9

225 g/8 oz/2 kopper almindelige kikskrummer (småkager)

50 g/2 oz/¼ kop pulveriseret sukker (meget fint)

2,5 ml/½ tsk stødt kanel

En knivspids revet muskatnød

75 g/3 oz/1/3 kop smør eller margarine, smeltet

Til fyldet:

4 delte æg

225 g/8 oz/1 kop pulveriseret sukker (meget fint)

250 ml/8 ml oz/1 kop creme fraiche (mælkedej)

5 ml/1 tsk vaniljeessens (ekstrakt)

30 ml/2 spsk mel (alle formål)

En knivspids salt

450 g/1 pund/2 kopper flødeost

Bland kiks, sukker, kanel og muskatnød i det smeltede smør, og tryk derefter ned i bunden og siderne af en 23 cm/9 cm løsbundet gryde. Pisk æggeblommerne til du får en tyk og cremet konsistens. Pisk æggehviderne stive, tilsæt 50 g/2 oz/¼ kop sukker og fortsæt med at piske indtil de er stive og blanke. Kombiner fløde og vaniljeessens med æggeblommerne, tilsæt derefter det resterende sukker, mel og salt, vend forsigtigt osten i, vend derefter æggehviderne i, hæld i bunden og bag i en forvarmet ovn ved 160°C. /325°F/gasmærke 3 i 1 time, indtil den er fast at røre ved. Lad det køle af, og køl derefter af inden servering.

Bagt caribisk ostekage

Giver en 23cm/9

Til basen:

100 g/4 oz/1 kop mel (alle formål))

25 g/1 oz/¼ kop malede mandler

25 g/1 oz/2 spsk blødt brun farin

50 g/2 oz/¼ kop smør eller margarine, smeltet og afkølet

1 æg

15 ml/1 spsk mælk

Til fyldet:

75 g/3 oz/½ kop rosiner

15-30 ml/1-2 skeer rom (efter smag)

225 g/8 oz/1 kop ricotta (glat ricotta)

50 g/2 oz/¼ kop smør eller margarine

25 g/1 oz/¼ kop malede mandler

50 g/2 oz/¼ kop pulveriseret sukker (meget fint)

2 æg

For at forberede bunden skal du blande mel, mandler og brun farin. Flød smør eller margarine, æg og mælk og ælt til en blød dej. Åbn og form bunden af en smurt 23 cm/9 cm kageform, prik det hele med en gaffel og bag i en forvarmet ovn ved 190°C/375°F/gasmærke 5 i 10 minutter, indtil de er gyldenbrune.

For at forberede fyldet skal du lægge rosiner i blød i rom, indtil de er fyldige. Bland ost, smør, malede mandler og perlesukker sammen. Pisk æggene i, og rør derefter rosiner og rom i efter smag. Hæld over bunden og bag i den forvarmede ovn i 10 minutter, indtil de er gyldenbrune og lige så faste at røre ved.

Bagt chokolade cheesecake

Giver en 23cm/9

Til basen:

100 g/4 oz/1 kop honningkager (kiks).

15 ml/1 spsk sukker

50 g/2 oz/¼ kop smør, smeltet

Til fyldet:

175 g/6 oz/1½ kopper mørk chokolade (halvsød)

225 g/8 oz/1 kop pulveriseret sukker (meget fint)

30 ml/2 skeer kakao (sukkerfri chokolade).

450 g/1 pund/2 kopper flødeost

120 ml/4 ml oz/½ kop creme fraiche

5 ml/1 tsk vaniljeessens (ekstrakt)

4 let pisket æg

For at lave bunden skal du kombinere kiks og sukker med det smeltede smør og trykke ned i bunden af en smurt 23 cm/9 cm kageform (kagedåse). For at lave fyldet, smelt chokoladen med halvdelen af sukker og kakao i en varmefast skål sat over en gryde med kogende vand. Fjern fra varmen og lad afkøle lidt. Pisk osten, indtil den er bleg, og tilsæt derefter gradvist det resterende sukker, creme fraiche og vaniljeessens. Pisk gradvist æggene, hæld derefter chokoladeblandingen og hæld over den forberedte bund. Bages i en forvarmet ovn ved 180°C/350°F/gas 4 i 40 minutter, indtil den er fast at røre ved.

Chokolade og valnødde cheesecake

Giver en 23cm/9

Til basen:

100 g/4 oz/1 kop graham cracker krummer

100 g/4 oz/½ kop strøsukker (meget fint)

50 g/2 oz/¼ kop smør, smeltet

Til fyldet:

175 g/6 oz/1½ kopper mørk chokolade (halvsød)

50 g/2 oz/¼ kop pulveriseret sukker (meget fint)

30 ml/2 skeer kakao (sukkerfri chokolade).

450 g/1 pund/2 kopper flødeost

25 g/1 oz/¼ kop malede mandler

120 ml/4 ml oz/½ kop creme fraiche

5 ml/1 skefuld mandelessens (ekstrakt)

4 let pisket æg

For at lave bunden skal du blande kikskrummerne og 100 g/4 oz/½ kop sukker i det smeltede smør og trykke ned i bunden af en smurt 23 cm/9 cm kageform. For at forberede fyldet, smelt chokoladen med sukker og kakao i en varmefast skål over en gryde med kogende vand. Fjern fra varmen og lad afkøle lidt. Pisk osten, indtil den er bleg, tilsæt derefter gradvist det resterende sukker, malede mandler, creme fraiche og mandelessens, pisk gradvist æggene i, vend derefter chokoladeblandingen i og hæld den tilberedte bund over. Bages i en forvarmet ovn ved 180°C/350°F/gas 4 i 40 minutter, indtil den er fast at røre ved.

tysk cheesecake

Giver en 23cm/9

Til basen

25 g/1 oz/2 spsk smør eller margarine

225 g/8 oz/2 kopper almindeligt mel (alle formål)

2,5 ml/½ tsk bagepulver

50 g/2 oz/¼ kop pulveriseret sukker (meget fint)

1 æggeblomme

15 ml/1 spsk mælk

Til fyldet:

900 g/2 pund/4 kopper hytteost

225 g/8 oz/1 kop pulveriseret sukker (meget fint)

50 g/2 oz/¼ kop smør eller margarine, smeltet

250 ml/8 ml oz/1 kop dobbelt creme (tung)

5 ml/1 tsk vaniljeessens (ekstrakt)

4 let pisket æg

175 g/6 oz/1 kop sultanas (rosiner)

15 ml/1 spsk majsstivelse (majsstivelse)

En knivspids salt

For at lave bunden, gnid smørret eller margarinen ind i melet og bagepulveret, rør derefter sukkeret i og lav en brønd i midten. Kom æggeblomme og mælk sammen og bland indtil du får en ret blød dej. Tryk i bunden af en 23cm/9cm firkantet form (form).

For at lave fyldet, dræn den overskydende væske fra ricottaen, bland derefter sukker, smeltet smør, fløde og vaniljeessens sammen, tilsæt æggene, smid sultanas i majsmel og salt, indtil det er godt dækket, og vend derefter i blandingen. Hæld over bunden og bag i en forvarmet ovn ved 230°C/450°F/gas 8 i 10 minutter. Reducer ovntemperaturen til 190°C/375°F/gasmærke 5 og kog i endnu en time, indtil den er fast at røre ved. Lad afkøle i gryden, og stil derefter på køl.

Cheesecake med Irish cream likør

Giver en 23cm/9

Til basen:

225 g/8 oz/2 kopper graham cracker krummer

50 g/2 oz/½ kop malede mandler

100 g/4 oz/½ kop strøsukker (meget fint)

100 g/4 oz/½ kop smør eller margarine, smeltet

Til fyldet:

900 g/2 pund/4 kopper flødeost

225 g/8 oz/1 kop pulveriseret sukker (meget fint)

5 ml/1 tsk vaniljeessens (ekstrakt)

175 ml/6 ml oz/¾ kop irsk flødelikør

3 æg

Til fyldet:

250 ml/8 ml oz/1 kop creme fraiche (mælkedej)

60ml/4 spsk Irish Cream Liqueur

50 g/2 oz/¼ kop pulveriseret sukker (meget fint)

For at lave bunden skal du blande kiks, mandler og sukker med det smeltede smør eller margarine og trykke ind i bunden og siderne af en 23 cm/9 cm kageform. Kold.

For at lave fyldet, pisk flødeost og sukker, indtil det er glat. Rør vaniljeessens og likør i. Tilsæt gradvist æggene. Hæld over bunden og bag i en forvarmet ovn ved 180°C/350°F/gas 4 i 40 minutter.

For at lave toppingen skal du piske fløde, likør og sukker, indtil du får en tyk creme. Hæld over cheesecake og fordel jævnt. Sæt cheesecaken tilbage i ovnen i yderligere 5 minutter. Lad det køle af, og køl derefter af inden servering.

Amerikansk citron- og valnøddeostkage

Forbered en 20 cm kage

Til basen:

225 g/8 oz/2 kopper graham cracker krummer

25 g/1 ounce/2 spsk granuleret sukker (meget fint)

5 ml/1 tsk stødt kanel

50 g/2 oz/¼ kop smør eller margarine, smeltet

Til fyldet:

2 æg, adskilt

100 g/4 oz/½ kop granuleret sukker

350 g/12 oz/1½ kopper fuldkorns blød ost

Revet skind og saft af 1 citron

150 ml/¼ pt/2/3 kop dobbelt creme (tung)

25 g/1 oz/¼ kop hakkede blandede nødder

For at forberede bunden, fold krummer, sukker og kanel i smørret eller margarinen. Beklæd bunden og siderne af en 20 cm/8 tommer kageform i en form (pande). Kold.

For at forberede fyldet, pisk æggeblommer og sukker, indtil det er tykt. Tilsæt ost, citronskal og saft, pisk fløden til den er tilsat og tilsæt den derefter til blandingen. Pisk æggehviderne stive, og vend dem derefter ind i blandingen. Hæld over bunden og bag i en forvarmet ovn ved 160°C/325°F/gas 3 i 45 minutter. Drys med valnødder og sæt tilbage i ovnen i yderligere 20 minutter. Sluk for ovnen og lad cheesecaken køle af i ovnen, og lad den derefter køle af inden servering.

Orange cheesecake

Giver en 23cm/9

Til basen:

100 g/4 oz/1 kop knuste wafer cookies (kiks)

2,5 ml/½ tsk stødt kanel

15 ml/1 skefuld æggehvide

Til fyldet:

450 g/1 pund/2 kopper hytteost

225 g/8 oz/1 kop flødeost

75 g/3 oz/1/3 kop granuleret sukker (meget fint)

15 ml/1 spsk mel (alle formål)

30 ml/2 spsk appelsinjuice

10 ml/2 tsk revet appelsinskal

5 ml/1 tsk vaniljeessens (ekstrakt)

1 stor appelsin, skåret i stykker og membraner fjernet

100 g/4 oz jordbær, skåret i skiver

For at forberede bunden skal du blande vaflerne med skorpen og kanel. Pisk æggehviderne til skum, og fold dem derefter i krummerne. Tryk blandingen ned i bunden af en 23 cm/9 cm løs bund kageform. Bages i en forvarmet ovn ved 180°C/350°F/gas 4 i 10 minutter. Tag den ud af ovnen og lad den køle af. Reducer ovntemperaturen til 150°C/300°F/gasmærke 2.

For at lave fyldet blandes oste, sukker, mel, appelsinsaft og -skal samt vaniljeessens sammen, indtil det er glat. Hæld over bunden og bag i den forvarmede ovn i 35 minutter, indtil den er gennemstegt. Lad den køle af, og stil den derefter på køl, indtil den er stivnet. Pynt med appelsiner og jordbær.

Ricotta cheesecake

Giver en 23cm/9

Til basen:

25 g/1 ounce/2 spsk granuleret sukker (meget fint)

5 ml/1 spsk revet citronskal

100 g/4 oz/1 kop mel (alle formål))

Et par dråber vaniljeessens (ekstrakt)

1 æggeblomme

25 g/1 oz/2 spsk smør eller margarine

Til fyldet:

750 g/1½ pund/3 kopper hytteost

225 g/8 oz/1 kop pulveriseret sukker (meget fint)

120 ml/4 ml oz/½ kop dobbelt creme (tung)

45 ml/3 spsk mel (alle formål)

5 ml/1 tsk vaniljeessens (ekstrakt)

5 delte æg

150 g hindbær eller jordbær

For at lave bunden, pisk sukker, citronskal og mel sammen, og tilsæt derefter vaniljeessens, æggeblomme og smør eller margarine. Fortsæt med at piske indtil blandingen danner en dej. Hæld halvdelen af dejen i en smurt 9 cm/23 cm springform og bag i en forvarmet ovn ved 200°C/400°F/gas 6 i 8 minutter. Reducer ovntemperaturen til 180°C/350°F/gasmærke 4. Lad den køle af, og tryk derefter den resterende blanding rundt om grydens sider.

Til toppen piskes ricottaen, indtil den er cremet. Bland sukker, fløde, mel, vaniljeessens og æggeblommer. Pisk æggehviderne stive, og vend dem derefter ind i blandingen. Hæld i mørdejen og bag i den forvarmede ovn i 1 time. Lad det køle af i gryden, og køl derefter af, inden frugten lægges ovenpå til servering.

Bagt ost og hytteost med cremefraichebelægning

Giver en 23cm/9

50 g/2 oz/¼ kop smør eller margarine, blødgjort

50 g/2 oz/¼ kop pulveriseret sukker (meget fint)

1 æg

350 g/12 oz/3 kopper almindeligt mel (alle formål)

Til fyldet:

675 g/1½ pund/3 kopper flødeost

15 ml/1 spsk citronsaft

5 ml/1 spsk revet citronskal

175 g/6 oz/¾ kop strøsukker (meget fint)

3 æg

250 ml/8 ml oz/1 kop creme fraiche (mælkedej)

5 ml/1 tsk vaniljeessens (ekstrakt)

For at lave bunden, pisk smør eller margarine og sukker sammen, indtil det er blødt og luftigt. Pisk gradvist ægget i, og bland derefter melet i til en pasta (makaroni). Åbn og brug til at beklæde en smurt 23 cm/9 cm form og bag i en forvarmet ovn ved 220°C/425°F/gas 7 i 5 minutter.

For at lave fyldet blandes flødeost, citronsaft og skal. Reserver 30 ml/2 spsk sukker, og rør derefter resten i osten. Tilsæt gradvist æggene, og hæld derefter blandingen over bunden. Bag i den forvarmede ovn i 10 minutter, reducer derefter ovntemperaturen til 150°C/300°F/gasmærke 2 og bag i yderligere 30 minutter. Bland creme fraiche, reserveret sukker og vaniljeessens sammen.

Hæld over kagen og sæt tilbage i ovnen og bag i yderligere 10 minutter. Lad det køle af, og køl derefter af inden servering.

Let bagt cheesecake med sultanas

For en 18 cm/7

75 g/3 oz/1/3 kop smør eller margarine, smeltet

100 g/4 oz/1 kop havregryn

50 g/2 oz/1/3 kop sultanas (rosiner)

Til fyldet:

50 g/2 oz/¼ kop smør eller margarine, blødgjort

250 g / 9 oz / generøs 1 kop kvark

2 æg

25 g/1 oz/3 spsk sultanas (rosiner)

25 g/1 oz/¼ kop malede mandler

Saft og revet skal af 1 citron

45 ml/3 spsk almindelig yoghurt

Bland smør eller margarine, havre og sultanas sammen. Tryk i bunden af en smurt 18 cm/7 cm form og bag i en forvarmet ovn ved 180°C/350°F/gasmærke 4 i 10 minutter. Bland ingredienserne til fyldet og hæld over bunden. Bages i yderligere 45 minutter. Lad den køle af i gryden, inden den tages ud.

Letbagt vanilje cheesecake

Giver en 23cm/9

175 g/6 oz/1½ kop graham cracker krummer

225 g/8 oz/1 kop pulveriseret sukker (meget fint)

5 æggehvider

50 g/2 oz/¼ kop smør eller margarine, smeltet

225 g/8 oz/1 kop flødeost

225 g/8 oz/1 kop hytteost

120 ml/4 ml oz/½ kop mælk

30 ml/2 spsk mel (alle formål)

5 ml/1 tsk vaniljeessens (ekstrakt)

En knivspids salt

Bland småkagekrummerne og 50 g/2 oz/¼ kop sukker i. Pisk en æggehvide let og vend den i smør eller margarine, og vend den derefter ind i småkageblandingen. Tryk ind i bunden og siderne af en 9 cm/23 cm springform, og lad den stivne.

For at lave fyldet, pisk flødeost og ricotta sammen, bland derefter det resterende sukker, mælk, mel, vaniljeessens og salt i, pisk de resterende æggehvider stive, og vend derefter i blandingen. Hæld over bunden og bag i en forvarmet ovn ved 180°C/350°F/gas 4 i 1 time, indtil den er fast i midten. Lad afkøle i gryden i 30 minutter, før den tages ud på en rist for at afslutte afkølingen. Stil på køl indtil servering.

Bagt hvid chokolade cheesecake

For en 18 cm/7

225 g/8 oz/2 kopper Smeltende Chocolate Chip Cookies (semi-søde) (Graham Cracker) Krummer

50 g/2 oz/¼ kop smør eller margarine, smeltet

300 g/11 oz/2¾ kopper hvid chokolade

400 g/1¾ kop flødeost

150 ml/¼ pt/2/3 kop creme fraiche (mælkedej)

2 let pisket æg

5 ml/1 tsk vaniljeessens (ekstrakt)

Rør småkagekrummerne i smørret eller margarinen og tryk i bunden af en 7-tommers/7 løsbundet kageform. Smelt den hvide chokolade i en varmefast skål over en gryde med kogende vand. Tag af varmen og bland flødeost, fløde, æg og vaniljeessens Fordel blandingen på bunden og jævn overfladen. Bages i en forvarmet ovn ved 160°C/325°F/gas 3 i 1 time, indtil den er fast at røre ved. Lad det køle af i formen.

Hvid chokolade hasselnødde cheesecake

Giver en 23cm/9

225 g/8 oz chokoladevafler (kiks)

100 g/4 oz/1 kop malede hasselnødder

30 ml/2 spsk blødt brun farin

5 ml/1 tsk stødt kanel

225 g/8 oz/1 kop smør eller margarine

450 g/1 pund/4 kopper hvid chokolade

900 g/2 pund/4 kopper flødeost

4 æg

1 æggeblomme

5 ml/1 tsk vaniljeessens (ekstrakt)

Kværn eller knus vaflerne og bland dem med hasselnøddehalvdelene, sukker og kanel. Sæt 45 ml/3 spsk af gærblandingen til side. Smelt 90 ml/6 spsk smør eller margarine og bland i den resterende waferblanding. Tryk ned i bunden og siderne af en smurt 9/23 cm løsbundet form og lad afkøle, mens du forbereder fyldet.

Smelt chokoladen i en varmefast skål over en gryde med kogende vand. Fjern fra varmen og lad afkøle lidt. Pisk osten let og luftig. Hæld gradvist æg og æggeblomme i, tilsæt derefter det resterende smør og den smeltede chokolade, bland vaniljeessensen og de resterende hasselnødder i og pisk til en jævn masse. Hæld fyldet i krummebunden. Bages i en forvarmet ovn ved 150°C/300°F/gas 2 i 1¼ time. Top med valnøddekage-wafer-blandingen og sæt tilbage i ovnen i yderligere 15 minutter. Lad det køle af, og køl derefter af inden servering.

Hvid chokolade wafer cheesecake

Giver en 23cm/9

225 g/8 oz chokoladevafler (kiks)

30 ml/2 spsk rørsukker (meget fint)

5 ml/1 tsk stødt kanel

225 g/8 oz/1 kop smør eller margarine

450 g/1 pund/4 kopper hvid chokolade

900 g/2 pund/4 kopper flødeost

4 æg

1 æggeblomme

5 ml/1 tsk vaniljeessens (ekstrakt)

Kværn eller riv vaflerne og bland dem med sukker og kanel. Sæt 45 ml/3 spsk af gærblandingen til side. Smelt 90 ml/6 spsk smør eller margarine og bland i den resterende waferblanding. Tryk bunden og siderne af en smurt 9/23 cm pande ned i en løsbundet kagedåse (form) og afkøl.

For at forberede fyldet, smelt chokoladen i en varmefast skål over en gryde med kogende vand. Fjern fra varmen og lad afkøle lidt. Pisk osten let og luftig. Hæld gradvist æg og æggeblomme i, tilsæt derefter det resterende smør og den smeltede chokolade, bland vaniljeessensen i og pisk til en jævn masse. Hæld fyldet i krummebunden. Bages i en forvarmet ovn ved 150°C/300°F/gas 2 i 1¼ time. Top med den reserverede wafer cookie blanding og sæt tilbage i ovnen i yderligere 15 minutter. Lad det køle af, og køl derefter af inden servering.

DANSK

Mørdej (basisdej) er den mest alsidige mørdej (makaroni) og kan bruges til alle slags anvendelser, primært kager og tærter. Normalt brændt ved 200°C/400°F/gasmærke 6.

Til 350 g/12 oz

225 g/8 oz/2 kopper almindeligt mel (alle formål)

2,5 ml/½ tsk salt

50 g/2 oz/¼ kop spæk (afkortning)

50 g/2 oz/½ kop smør eller margarine

30–45 ml/2–3 spsk koldt vand

Bland mel og salt i en skål, og gnid derefter spæk og smør eller margarine sammen, indtil de ligner brødkrummer. Drys vand jævnt over blandingen, og bland derefter med en rundbladet kniv, indtil dejen begynder at danne store klumper. Tryk forsigtigt med fingrene for at danne en kugle med mørdejen. Rul ud på en let meldrysset overflade, indtil den er glat, men overdriv det ikke. Pak ind i husholdningsfilm (plastfolie) og stil på køl i 30 minutter før brug.

Nudler med olie

I lighed med mørdej (almindelig mørdej), er denne mere smuldrende og bør bruges, så snart den er lavet. Normalt brændt ved 200°C/400°F/gasmærke 6.

Til 350 g/12 oz

75 ml/5 spsk olie

65 ml/2½ floz/4½ spsk koldt vand

225 g/8 oz/2 kopper almindeligt mel (alle formål)

En knivspids salt

Pisk olie og vand sammen i en skål, indtil det er blandet. Tilsæt gradvist mel og salt, bland med en rund kniv til en dej. Vend ud på en let meldrysset overflade og ælt forsigtigt, indtil den er glat. Pak ind i husholdningsfilm (plastfolie) og stil på køl i 30 minutter før brug.

Rig mørdej

Den bruges til tærter og søde retter, da den er rigere end normal melasseskorpe (basisskorpe). Normalt brændt ved 200°C/400°F/gasmærke 6.

Til 350 g/12 oz

150 g/5 oz/1¼ kopper almindeligt mel (all-purpose)

En knivspids salt

75 g/3 oz/1/3 kop usaltet (sødt) smør eller margarine

1 æggeblomme

10 ml/2 skeer pulveriseret sukker (meget fint)

45–60 ml/3–4 spsk koldt vand

Bland mel og salt i en skål, og gnid derefter smør eller margarine i, indtil det ligner brødkrummer. Pisk æggeblommer, sukker og 10 ml/2 spsk vand i en lille skål, og vend derefter melet i med en rund kniv, og tilsæt nok vand til at lave en blød dej. Form til en kugle, læg på en meldrysset overflade og ælt forsigtigt til dejen er glat. Pak ind i husholdningsfilm (plastfolie) og stil på køl i 30 minutter før brug.

Amerikansk sandkage

En klæbrig pasta (makaroni), der giver en friskere finish, ideel til brug med frugt. Normalt brændt ved 200°C/400°F/gasmærke 6.

Til 350 g/12 oz

175 g/6 oz/¾ kop smør eller margarine, blødgjort

225 g/8 oz/2 kopper selvhævende mel (selvhævende)

2,5 ml/½ tsk salt

45 ml/3 spsk koldt vand

Pisk smør eller margarine, indtil det er blødt. Tilsæt gradvist mel, salt og vand og ælt til en klistret dej. Dæk med plastfolie og stil på køl i 30 minutter. Rul ud mellem let meldryssede plader bagepapir.

Makaroni og ost

En mørdej (makaroni) til salte tærter eller bagværk. Normalt brændt ved 200°C/400°F/gasmærke 6.

Til 350 g/12 oz

100 g/4 oz/1 kop mel (alle formål))

En knivspids salt

En knivspids cayenne

50 g/2 oz/¼ kop smør eller margarine

50 g/2 oz/½ kop cheddarost, revet

1 æggeblomme

30 ml/2 spsk koldt vand

Bland mel, salt og cayennepeber i en skål, og gnid derefter smør eller margarine i, indtil det ligner brødkrummer. Rør osten i, og tilsæt derefter æggeblommen og nok vand til at lave en stiv dej. Vend ud på en let meldrysset overflade og ælt forsigtigt, indtil det er blandet. Pak ind i husholdningsfilm (plastfolie) og stil på køl i 30 minutter før brug.

Choux wienerbrød

En let pasta (pasta), der svulmer op til tre gange dens rå størrelse, når den koges. Ideel til kager og bagværk med fløde. Normalt brændt ved 200°C/400°F/gasmærke 6.

Til 350 g/12 oz

50 g/2 oz/¼ kop usaltet smør (sødt)

150 ml/¼ pt/2/3 kop lige dele mælk og vand, blandet

75 g/3 oz/1/3 kop mel (all-purpose)

2 let pisket æg

Smelt smørret med mælk og vand i en gryde ved svag varme. Bring hurtigt i kog, fjern fra varmen. Hæld alt melet i og pisk indtil blandingen trækker sig væk fra siderne af gryden. Lad køle lidt af. Pisk gradvist æggene i, lidt ad gangen, indtil blandingen er glat og blank.

Dej med smør

Smørdej (makaroni) bruges til delikate desserter som flødeboller. Det bør kun gøres under kølige forhold. Normalt brændt ved 220°C/425°F/gasmærke 7.

Til 450 g/1 lb

225 g/8 oz/2 kopper almindeligt mel (alle formål)

2. 5 ml/½ teskefuld salt

75 g/3 oz/1/3 kop spæk (fedt)

75 g/3 oz/1/3 kop smør eller margarine

5 ml/1 tsk citronsaft

100 ml/3½ floz/6½ spsk iskoldt vand

Bland mel og salt sammen i en skål. Pisk fedtstof og smør eller margarine sammen, form derefter til en patty og skær i kvarte. Gnid en fjerdedel af fedtstoffet ind i melet, indtil det ligner brødkrummer. Tilsæt citronsaft og nok vand til at lave en blød dej med en rund kniv. Dæk med plastfolie og lad afkøle i 20 minutter.

Rul dejen ud på en let meldrysset overflade i ca. 5 mm/¼ tykkelse. Skær den næste fede fjerdedel og gennembor alle to tredjedele af dejen, så der er plads rundt om kanten. Fold en tredjedel af den smurte dej over fedtet, og fold derefter den smurte tredjedel over. Tryk fingrene rundt om alle sømme for at lukke. Dæk til med husholdningsfilm og lad afkøle i 20 minutter.

Åbn dejen på overfladen med sømmen til højre. Åbn som før, og drys derefter med den tredje fjerdedel af afkortningen. Fold, forsegl og stil på køl som før.

Åbn dejen på overfladen med sømmen til venstre. Åbn som før, og pensl derefter med den sidste fjerdedel af fedtet. Fold, forsegl og stil på køl som før.

Rul dejen ud til en tykkelse på ¼/5 mm og fold derefter. Dæk med plastfolie og lad afkøle i 20 minutter før brug.

Gennemse

Svovlpasta (dej) skal hæve cirka seks gange højden, når den bages og kan bruges til alle slags lette kager, der kræver en luftig dej. Det tilberedes normalt ved 230°C/450°F/gasmærke 8.

Til 450 g/1 lb

225 g/8 oz/2 kopper almindeligt mel (alle formål)

5 ml/1 skefuld salt

225 g/8 oz/1 kop smør eller margarine

2,5 ml/½ tsk citronsaft

150 ml/¼ pt/2/3 kop iskoldt vand

Bland mel og salt sammen i en skål. Skær 2 oz/50 g/¼ kop smør eller margarine i stykker, og gnid derefter ind i melet, indtil blandingen ligner brødkrummer. Tilsæt citronsaft og vand og bland med en rund kniv, indtil du får en blød dej. Vend dejen ud på en let meldrysset overflade og ælt forsigtigt til den er glat. Form en kugle og skær et dybt kryds i midten, skær cirka tre fjerdedele af dejen (pastaen). Åbn lågene og rul dejen, så midten er tykkere end kanterne. Kom det resterende smør eller margarine i midten af dejen, fold pladerne, så de dækker, og forsegl kanterne. Rul dejen ud til et rektangel på 40 x 20 cm/16 x 8 cm, pas på ikke at spilde smørret. Fold den nederste tredjedel af dejen på midten, og fold derefter den øverste tredjedel. Tryk på kanterne for at forsegle, og giv derefter dejen en kvart omgang. Dæk med plastfolie og lad afkøle i 20 minutter. Gentag rulning, foldning og afkøling 6 gange i alt. Dæk med plastfolie og lad afkøle i 30 minutter før brug.

Tyk frugt

Nemmere at lave end dej (pasta), med en let konsistens, serveres bedst varm frem for kold. Normalt brændt ved 220°C/425°F/gasmærke 7.

Til 450 g/1 lb

225 g/8 oz/2 kopper almindeligt mel (alle formål)

5 ml/1 skefuld salt

175 g/6 oz/¾ kop smør eller margarine, koldt og i tern

5 ml/1 tsk citronsaft

150 ml/¼ pt/2/3 kop iskoldt vand

Bland alle ingredienserne med en rund kniv til en blød dej. Vend ud på en let meldrysset overflade og rul forsigtigt ud til et rektangel på ca. 30 x 10 cm/12 x 4. 2 cm/¾ tyk. Fold den nederste tredjedel af dejen på midten, derefter den øverste tredjedel ned. Vend dejen, så laget er til venstre, og luk kanterne med fingerspidserne. Åbn et lidt større rektangel ca. 1/2 cm tyk. Fold i tredjedele jævnt, forsegl kanterne og vend dejen en kvart omgang. Dæk med plastfolie og lad afkøle i 20 minutter. Gentag denne rulning, foldning og drejning i alt fire gange, og afkøl hinanden rundt. Pak den ind i plastfolie og lad den køle af i 20 minutter før brug.

Pâté Sucree

En tynd og sød wienerbrød (pasta) med en smeltende konsistens, fantastisk til tærter (tærteskaller). Det er normalt blindfyret ved 180°C/350°F/gasmærke 4.

Til 350 g/12 oz

100 g/4 oz/1 kop mel (alle formål))

En knivspids salt

50 g/2 oz/¼ kop smør eller margarine, blødgjort

50 g/2 oz/¼ kop pulveriseret sukker (meget fint)

2 æggeblommer

Sigt mel og salt på en kold bord og lav en fordybning i midten. Placer smør eller margarine, sukker og æggeblommer i midten og arbejd dem sammen, mens du gradvist inkorporerer melet med fingerspidserne, indtil du har en blød, glat dej. Dæk til med husholdningsfilm (plastfolie) og stil på køl i 30 minutter før brug.

Choux flødekugler

siden 16

50 g/2 oz/¼ kop usaltet smør (sødt)

150 ml/¼ pt/2/3 kop lige dele mælk og vand, blandet

75 g/3 oz/1/3 kop mel (all-purpose)

2 æg, pisket

150 ml/¼ pt/2/3 kop dobbelt creme (tung)

Sigtet fløde (til wienerbrød) til aftørring

Smelt smørret med mælk og vand i en gryde og bring det derefter i kog. Fjern fra varmen, hæld alt melet i og bland indtil blandingen forlader grydens sider. Pisk æggene i lidt ad gangen, indtil de er blandet. Arranger eller læg dejen i en våd (kiks)form og bag den i en forvarmet ovn ved 200°C/400°F/gas 6 i 20 minutter, afhængig af størrelsen, indtil den er gyldenbrun. Lav en slids i siden af hver kage, så dampen kan slippe ud, og lad den køle af på en rist. Pisk fløden til den er stiv og hæld den derefter i midten af cremepuffen. Server drysset med flormelis.

Mandarin blomst

siden 16

Til makaroni (pasta):

50 g/2 oz/¼ kop smør

150 ml/¼ pt/2/3 kop vand

75 g/3 oz/¾ kop almindeligt mel (all-purpose)

2 æg, pisket

Til fyldet:

300 ml/½ pt/1¼ kop dobbelt creme (tung)

75 g/3 oz/¾ kop cheddarost, revet

10 ml/2 spsk appelsinlikør

300 g/11 oz/1 medium mandarin, drænet

Smelt smørret med vandet i en gryde og bring det derefter i kog. Fjern fra varmen, hæld alt melet i og bland indtil blandingen forlader grydens sider. Pisk gradvist æggene i, lidt ad gangen, indtil de er blandet. Hæld eller hæld dejen på en fugtig (kage)bakke og bag den i en forvarmet ovn ved 200°C/400°F/gasmærke 6 i 20 minutter, afhængigt af størrelsen, indtil den er gyldenbrun. Lav en slids i siden af hver kage, så dampen kan slippe ud, og lad den køle af på en rist.

Pisk halvdelen af fløden stiv, tilsæt derefter ost og likør, hæld i flødepuderne og pres et par mandariner i hver. Anret cremepuderne på et stort fad og server dem med den resterende creme.

Chokolade eclairs

gør 10

225 g/8 oz choux wienerbrød

Til fyldet:

150 ml/¼ pt/2/3 kop dobbelt creme (tung)

5 ml/1 spsk rørsukker (meget fint)

5 ml/1 skefuld pulveriseret sukker (til kager)

Et par dråber vaniljeessens (ekstrakt)

Til saucen:

2 oz/50 g/½ kop mørk chokolade (halvsød)

15 g/1 spsk smør eller margarine

20 ml/4 skeer vand

25 g/1 oz/3 spsk pulveriseret sukker (konfekture)

Læg dejen i en kagepose udstyret med en 2 cm/¾ almindelig dyse (spids) og form 10 stykker i en smurt (kage)form med god afstand fra hinanden. Bag i en forvarmet ovn ved 190°C/375°F/gas 5 i 30 minutter, indtil eclairerne er godt hævede og gyldenbrune. Læg den på en rist og skær den ene side af, så dampen kan slippe ud. Lad det køle af.

For at lave fyldet piskes fløden med sukker og vaniljeessens. Hæld over éclairs.

For at lave saucen, smelt chokolade, smør eller margarine og vand i en lille gryde ved svag varme under konstant omrøring. Pisk pulveriseret sukker og fordel det på overfladen af eclairs.

Profiteroles

lave 20

225 g/8 oz choux wienerbrød

Til fyldet:

150 ml/¼ pt/2/3 kop dobbelt creme (tung)

5 ml/1 spsk rørsukker (meget fint)

5 ml/1 skefuld pulveriseret sukker (til kager)

Et par dråber vaniljeessens (ekstrakt)

Til saucen:

50 g/2 oz/½ kop mørk (halvsød) chokolade, hakket

25 g/1 ounce/2 spsk granuleret sukker (meget fint)

300 ml/½ pt 1¼ kop mælk

15 ml/1 spsk majsstivelse (majsstivelse)

Et par dråber vaniljeessens (ekstrakt)

Læg dejen i en konditorpose udstyret med en 2 cm/¾ almindelig dyse (spids) og form ca. 20 kugler i en smurt (kage)pande med god afstand til hinanden. Bages i en forvarmet ovn ved 190°C/375°F/gas 5 i 25 minutter, indtil profiterolerne er godt hævede og gyldenbrune. Læg dem på en rist og vent på, at hver enkelt slipper dampen. Lad det køle af.

For at lave fyldet piskes fløden med sukker og vaniljeessens. Hæld i profiterollen. Læg dem i en høj bunke på et serveringsfad.

For at lave saucen, læg chokoladen og sukkeret i en skål med alt undtagen 15 ml/1 spsk af mælken. Bland reserveret mælk med majsstivelse. Opvarm mælk, chokolade og sukker ved svag varme, indtil chokoladen smelter, rør af og til. Rør majsmelblandingen i og bring det i kog. Kog i 3 minutter under omrøring. Tilsæt vaniljeessens. Afdryp i en varm skål. Hæld den varme sauce over profiterolerne, eller lad dem køle af og hæld derefter over kagerne.

Bagværk med mandler og ferskner

Giver en 23cm/9

250 g/12 oz svampekage

225 g/8 oz/2 kopper malede mandler

175 g/6 oz/¾ kop strøsukker (meget fint)

2 æg

5 ml/1 tsk citronsaft

15 ml/1 spsk Amaretto

450g/1lb ferskner, udstenede (udstenede) og halveret

Ekstra granuleret (superfint) sukker til aftørring

50 g/2 oz/½ kop skårne mandler

Rul dejen ud på en let meldrysset overflade til cirka to rektangler. 5 mm/¼ tyk. Placer en på en våd (kage)bakke. Bland malede mandler, sukker, et æg, citronsaft og Amaretto og bland indtil du får en pasta. Rul dejen ud til et rektangel af samme størrelse og læg dejen ovenpå. Anret ferskerne med snitsiden nedad i mandelblandingen. Skil det resterende æg ad og pensl kanterne af dejen med lidt pisket æggeblomme. Fold det resterende dejrektangel i to på langs. Skær slidser for hver 1. cm fra folden til 1 cm fra den modsatte kant. Åbn butterdejen og læg oven på ferskerne, og tryk kanterne godt til for at lukke. Skær kanterne af med en kniv. Afkøl i 30 minutter. Pensl med den resterende piskede æggeblomme og bag i en forvarmet ovn ved 220°C/425°F/gas 7 i 20 minutter, indtil de er gennemkogte. Pensl med æggehvide, drys med perlesukker og drys med malede mandler. Returner til ovnen i yderligere 10 minutter, indtil den er gyldenbrun.

Små æblekager

siden 6

225 g/8 oz svampekage

1 stort æble at spise (til dessert)

15 ml/1 spsk citronsaft

30 ml/2 spsk abrikosmarmelade (på dåse), siet (filtreret)

15 ml/1 spsk vand

Åbn dejen med ruller og skær den i 13 cm/5 firkanter. Lav fire 5 cm/2 snit i dejfirkanternes diagonale linjer fra kanten ind mod midten. Fugt midten af firkanterne og tryk en prik fra hvert hjørne ind i midten for at skabe en vindmølle. Skræl, udkern og skær æblet i tynde skiver og drys med citronsaft. Læg æbleskiverne i midten af hjulene og bag dem i en forvarmet ovn ved 220°C/425°F/gas 7 i 10 minutter, indtil de er gyldenbrune. Varm marmeladen op med vandet, indtil den er godt blandet, og pensl derefter æblerne og glasurpastaen over. Lad det køle af.

Cremede desserter

gør 10

450g/1lb butterdej eller butterdej

1 æggeblomme

15 ml/1 spsk mælk

300 ml/½ pt/1¼ kop dobbelt creme (tung)

50 g/2 oz/1/3 kop pulveriseret sukker (konfekture), sigtet, plus ekstra til tørring

Rul dejen ud til et 50 x 30 cm/20 x 12 rektangel, klip kanterne til og skær derefter på langs til 2,5 cm/1. Bland æggeblommen med mælken og beklæd dejen godt med blandingen, pas på at ægget ikke kommer i bunden af dejen og ikke klæber til ramekins. Pak hver strimmel i en spiral omkring en metalhornform, der overlapper kanterne på kagestrimlerne. Pensl den igen med æggeblomme og mælk og læg den i en (småkage)pande med bunden nedad. Bages i en forvarmet ovn ved 200°C/400°F/gas 6 i 15 minutter, indtil de er gyldenbrune. Lad afkøle i 3 minutter og fjern derefter formene fra den stadig varme wienerbrød. Lad det køle af. Pisk fløden med flormelis til den er stiv, og hæld den derefter i cremekoglerne.

Feuilleté

siden 6

225 g/8 oz svampekage

100 gram hindbær

120 ml/4 ml oz/½ kop dobbelt creme (tung)

60 ml/4 skeer pulveriseret sukker (til kager)

Et par dråber vand

Et par dråber rød madfarve

Rul dejen ud til en tykkelse på ¼/5 mm på en let meldrysset overflade og klip kanterne til til et rektangel. Placer på en usmurt (småkage) bakke og bag i en ovn forvarmet til 220 °C / 425 °F / gasmærke 7 i 10 minutter, indtil de er godt brune og brune. Lad det køle af.

Skær dejen i to lag vandret. Vask, afdryp og tør frugterne godt. Pisk fløden stiv. Åbn det nederste dejlag, læg frugten ovenpå, og læg derefter det øverste dejlag ovenpå. Hæld det granulerede sukker i en skål og tilsæt gradvist nok vand til at lave en tyk glasur. Fordel det meste af frostingen over toppen af kagen. Farv den resterende creme med lidt madfarve, tilsæt lidt flormelis, hvis den bliver for flydende. Pibe eller pibestriber på den hvide frosting, skub derefter en cocktailpind (tandstikker) gennem striberne for at skabe en fjereffekt. Server straks.

Kager fyldt med ricotta

siden 16

350 g/12 oz butterdej

1 æggehvide

10 ml/2 skeer pulveriseret sukker (meget fint)

Til fyldet:
150 ml/¼ pt/2/3 kop dobbelt (tung) eller piskefløde

100 g/4 oz/½ kop hytteost

30 ml/2 spsk rørsukker (meget fint)

45 ml/3 spsk hakket blandet skræl

Flormelis (slik) til tørring

Rul dejen (makaroni) tyndt ud på en meldrysset overflade og skær den i fire 18 cm/7 cirkler. Skær hver cirkel i kvarte, læg den på en let smurt (kage)pande og stil den på køl i 30 minutter.

Pisk æggehviderne, indtil de er bløde, tilsæt derefter sukkeret, pensl dejen og bag dem i den forvarmede ovn i 10 minutter, indtil de er gyldenbrune. Kom over på en rist og skær et snit i trekanter som fyldet hældes i. Lad det køle af.

For at forberede fyldet piskes fløden stiv. Blødgør ricottaen i en skål, og tilsæt derefter fløde, sukker og frugt. Tilpas det efter smag eller hæld fyldet i kager og server straks drysset med melis.

Nøddepuster

af 18

200 g/7 oz/1¾ kop valnødder, groft malet

75 g/3 oz/1/3 kop granuleret sukker (meget fint)

30 ml/2 skeer anislikør eller Pernod

25 g/1 oz/2 spsk smør eller margarine, blødgjort

450 g/1 lb svampenudler

1 sammenpisket æg

Bland nødder, sukker, likør og smør eller margarine sammen. Rul dejen (pastaen) ud på en let meldrysset overflade til et 60 x 30 cm/24 x 12 rektangel (eller du kan rulle halvdelen af dejen ud ad gangen). Skær i 18 firkanter og del nøddeblandingen mellem firkanterne. Pensl kanterne på firkanterne med det sammenpiskede æg, fold og luk dem i form af en pølse med sømmen nedad og rul kanterne som en kage. Læg den på en smurt (kiks) bakke og pensl den med det sammenpiskede æg. Bages i en forvarmet ovn ved 230°C/450°F/gas 8 i 10 minutter, indtil de er gyldenbrune. Spis varmt den dag, de er klargjort.

dansk wienerbrød

Til 450 g/1 lb

450 g/1 pund/4 kopper almindeligt mel (alle formål)

5 ml/1 skefuld salt

25 g/1 ounce/2 spsk granuleret sukker (meget fint)

5 ml/1 tsk stødt kardemomme

50 g/2 oz frisk gær eller 75 ml/5 spsk tørgær

250 ml/8 ml oz/1 kop mælk

1 sammenpisket æg

300 g/10 oz/1¼ kop smør, skåret i skiver

Sigt mel, salt, sukker og kardemomme i en skål. Pisk gæren med lidt mælk og tilsæt melet med den resterende mælk og æg. Bland til en dej og ælt til den er glat og blank.

Rul dejen (pastaen) ud på en let meldrysset overflade til et rektangel på ca 56 x 30 cm/22 x 12. 1/2 cm tyk. Læg smørskiverne over den midterste tredjedel af dejen, så der er plads rundt om kanterne. Fold en tredjedel af dejen over for at dække smørret, og fold derefter den resterende tredjedel over. Tryk toppene sammen med fingerspidserne, og stil dem derefter på køl i 15 minutter. Åbn igen til samme størrelse, fold i tredjedele og stil på køl i 15 minutter. Gentag processen endnu en gang. Læg dejen i en meldrysset plastikpose og lad den hvile i 15 minutter før brug.

Dansk kringle

Serverer 8

50 g frisk gær

50 g/2 oz/¼ kop granuleret sukker

450 g/1 pund/4 kopper almindeligt mel (alle formål)

250 ml/8 ml oz/1 kop mælk

1 æg

200 g/7 oz/skala 1 kop smør, koldt og skåret i skiver

Til fyldet:

100 g/4 oz/1 kop malede mandler

100 g/4 oz/½ kop smør eller margarine

100 g/4 oz/½ kop strøsukker (meget fint)

Pisket æg til glasur

25 g/1 oz/¼ kop blancherede mandler, groft hakkede

15 ml/1 spsk demerara sukker

Pisk gær med sukker. Hæld melet i en skål. Pisk mælk og æg sammen og tilsæt melet med bagepulveret. Ælt dejen, dæk til og lad den stå et koldt sted i 1 time. Rul dejen (pastaen) ud til 56 x 30 cm/22 x 12 tommer. Læg smørret i den midterste tredjedel af dejen, undgå kanterne. Fold en tredjedel af dejen over smørret, fold derefter den anden tredjedel og tryk kanterne sammen. Afkøl i 15 minutter. Åbn, fold og stil på køl tre gange mere.

Bland de øvrige ingredienser, undtagen æg, mandler og sukker, til du får en homogen masse.

Rul dejen ud til en lang strimmel på ca. 3mm/1/8 tyk og 10cm/4 bred. Fordel fyldet på midten, væd kanterne og pres dem sammen over fyldet. Form en kringle i en smurt (kage)pande og lad den hvile i 15 minutter et lunt sted. Pensl med sammenpisket æg og drys med blancherede mandler og demerarasukker. Bages i en forvarmet ovn ved 230C/450F/gas 8 i 15-20 minutter, indtil de er gyldenbrune.

Dansk wienerbrødsfletninger

siden 16

½ mængde dansk wienerbrød

1 sammenpisket æg

25 g/1 oz/3 spsk rosiner

Glasur glasur

Del dejen i seks lige store dele og form hver til en lang rulle. Fugt enderne af rullerne og tryk sammen i tre, flet derefter længderne, forsegl enderne. Skær i 10 cm/4 cm lange stykker og læg på en (kage)bakke. Lad stå et varmt sted i 15 minutter. Pensl med sammenpisket æg og drys med rosiner. Bages i en forvarmet ovn ved 230°C/450°F/gas 8 i 10-15 minutter, indtil de er gyldenbrune. Lad det køle af og overtræk derefter med glaceglasuren.

Mandelkage

siden den 24

450 g/1 pund/2 kopper pulveriseret sukker (meget fint)

450 g/1 pund/4 kopper malede mandler

6 let pisket æg

5 ml/1 tsk vaniljeessens (ekstrakt)

75 g/3 oz/¾ kop pinjekerner

Bland sukker, malede mandler, æg og vaniljeessens i, indtil det er godt blandet. Hæld i en smurt og foret 30 x 23 cm/12 x 9 form og drys med pinjekerner. Bages i en forvarmet ovn ved 180°C/350°F/gas 4 i 1½ time, indtil den er gyldenbrun og fast at røre ved. Skær dem i firkanter.

Svampetærtebund

Lav en 23cm/9 i etui (skal)

2 æg

200 g/7 oz/1 kop strøsukker (meget fint)

5 ml/1 tsk vaniljeessens (ekstrakt)

150 g/5 oz/1¼ kopper almindeligt mel (all-purpose)

5 ml/1 tsk bagepulver

En knivspids salt

120 ml/4 ml oz/½ kop mælk

50 g/2 oz/¼ kop smør eller margarine

Pisk æg, sukker og vaniljeessens sammen, og tilsæt derefter mel, bagepulver og salt. Bring mælk og smør eller margarine i kog i en gryde, hæld derefter i kageblandingen og bland godt. Hæld i en smurt 23 cm/9 cm form (bageplade) og bag i en forvarmet ovn ved 180°C/350°F/gas 4 i 30 minutter, indtil de er let brunede. Form på en rist.

Mandelkage

Lav en tærte på 20 cm

175 g/6 oz mørdej

Til fyldet:

50 g/2 oz/¼ kop smør eller margarine, blødgjort

2 æg, pisket

50 g/2 oz /½ kop selvhævende mel (selvhævende)

75 g/3 oz/¾ kop malede mandler

Et par dråber mandelessens (ekstrakt)

45 ml/3 spsk appelsinjuice

400 gr/1 stor dåse veldrænede ferskner eller abrikoser

15 ml/1 spsk malede mandler

Rul dejen (pastaen) ud og brug den til at beklæde en 20 cm smurt form (form). Prik bunden med en gaffel. Pisk smør eller margarine og æg, indtil det er bleg. Tilsæt gradvist mel, malede mandler, mandelessens og appelsinjuice. Blend ferskerne eller abrikoserne i en foodprocessor eller kom gennem en si. Fordel puréen over dejen, og hæld derefter mandelblandingen over. Drys med de skårne mandler og bag dem i en forvarmet ovn ved 190°C/375°F/gas 5 i 40 minutter, indtil de er møre.

Det attende århundrede æble- og appelsinkage

For en 18 cm/7

Til makaroni (pasta):
100 g/4 oz/1 kop mel (alle formål))

25 g/1 ounce/2 spsk granuleret sukker (meget fint)

50 g/2 oz/¼ kop smør eller margarine

1 æggeblomme

Til fyldet:
75 g/3 oz/1/3 kop smør eller margarine, blødgjort

75 g/3 oz/1/3 kop granuleret sukker (meget fint)

4 æggeblommer

25 g/1 oz/3 spsk blandet skræl (kandiseret), hakket

Revet skind af 1 stor appelsin

1 spis æble (sødt).

For at lave mørdejen, bland mel og sukker sammen i en skål, og pensl derefter med smør eller margarine, indtil det ligner brødkrummer. Tilsæt æggeblommerne og kog forsigtigt til du får en dej. Pak ind i husholdningsfilm (plastfolie) og stil på køl i 30 minutter før brug. Rul mørdejen ud og brug den til at beklæde en smurt 18 cm/7 cm ring.

For at lave fyldet, pisk smør eller margarine og sukker sammen, indtil det er lyst og luftigt, bland derefter æggeblommer, blandet skal og appelsinskal og hæld over pastaen. Skræl, udkern og riv æblet og fordel det over gryden. Bages i en forvarmet ovn ved 180°C/350°F/gas 4 i 30 minutter.

Tysk æbletærte

Lav en tærte på 20 cm

Til makaroni (pasta):

100 g/4 oz/1 kop selvhævende mel (selvhævende)

50 g/2 oz/¼ kop blødt brun farin

25 g/1 oz/¼ kop malede mandler

75 g/3 oz/1/3 kop smør eller margarine

5 ml/1 tsk citronsaft

1 æggeblomme

Til fyldet:

450 g kogte (tærte)æbler, skrællet, udkernet og skåret i skiver

75 g/3 oz/1/3 kop blødt brun farin

Revet skal af 1 citron

5 ml/1 tsk citronsaft

Til fyldet:

50 g/2 oz/¼ kop smør eller margarine

50 g/2 oz/½ kop mel (alle formål)

5 ml/1 tsk stødt kanel

150 g/5 oz/2/3 kop blødt brun farin

For at lave dejen skal du blande mel, sukker og mandler sammen og derefter pensle med smør eller margarine, indtil det ligner brødkrummer. Bland citronsaft og æggeblomme sammen. Tryk i bunden af en 20 cm smurt form. Bland ingredienserne til fyldet og fordel på bunden. For at lave toppingen, gnid smørret eller margarinen ind i melet og kanelen, rør derefter sukkeret i og fordel fyldet. Bages i en forvarmet ovn ved 180°C/350°F/gas 4 i 1 time, indtil de er gyldenbrune.

Honning æbletærte

Lav en tærte på 20 cm

Til makaroni (pasta):

75 g/3 oz/1/3 kop smør eller margarine

175 g/6 oz/1½ kopper fuldkornshvedemel (fuld hvede)

En knivspids salt

5 ml/1 skefuld ren honning

1 æggeblomme

30 ml/2 spsk koldt vand

Til fyldet:

900 g æbler (tærte)

30 ml/2 spsk vand

75 ml/5 skeer ren honning

Revet skind og saft af 1 citron

25 g/1 oz/2 spsk smør eller margarine

2,5 ml/½ tsk stødt kanel

2 æbler at spise (søde)

For at lave dejen skal du gnide mel og salt med smør eller margarine, indtil det ligner brødkrummer. Tilsæt honningen. Pisk æggeblommen med lidt vand og tilsæt massen, tilsæt mere vand efter behov for at lave en blød dej. Pak ind i husholdningsfilm (plastfolie) og stil på køl i 30 minutter.

For at forberede fyldet, skræl, udkern og skær de kogte æbler i skiver og kog dem i vand, indtil de er bløde. Tilsæt 45 ml/3 spsk honning, citronskal, smør eller margarine og kanel og kog uden låg, indtil den er pureret. Lad det køle af.

Vend dejen ud på en let meldrysset overflade og brug den til at beklæde en 20 cm/8 tommer ring. Prik det hele med en gaffel, dæk med bagepapir (vokset) og fyld med bønner. Bages i en forvarmet ovn ved 200°C/400°F/gas 6 i 10 minutter. Fjern papir og bønner. Reducer ovntemperaturen til 190°C/375°F/gasmærke 5. Læg æblemosen i posen. Skræl æblerne uden at skrælle dem, og skær dem derefter i tynde skiver. Arranger i pæne cirkler ovenpå mosen. Bages i den forvarmede ovn i 30 minutter, indtil æblerne er kogte og let brunede.

Kom den resterende honning i en gryde med citronsaften og varm forsigtigt op, indtil honningen smelter. Hæld over den kogte glaserede top.

Æbletærte og fars

For en 18 cm/7

175 g/6 oz mørdej

1 mellemstor æble (tærte), skrællet, skåret og revet

175 g/6 oz/½ kop hakket oksekød

150 ml/¼ pt/2/3 kop dobbelt creme (tung)

25 g/1 oz/¼ kop mandler, hakkede og ristede

Rul dejen (pastaen) ud og brug den til at beklæde en 18 cm/7 flan ring. Skær alt med en gaffel. Bland æblet i hakket kød og fordel ud over bunden. Bages i en forvarmet ovn ved 200°C/400°F/gas 6 i 15 minutter. Reducer ovntemperaturen til 160°C/325°F/gasmærke 3 og kog i yderligere 10 minutter. Lad det køle af. Pisk den tunge fløde, fordel den derefter på overfladen af panden, drys med mandler og server med det samme.

Æble og sultana kage

Lav en tærte på 20 cm

100 g/4 oz/½ kop smør eller margarine

225 g/8 oz/2 kopper fuldkornshvedemel (fuld hvede)

30 ml/2 spsk koldt vand

450 g kogte (tærte)æbler, skrællet, udkernet og skåret i skiver

15 ml/1 spsk citronsaft

50 g/2 oz/1/3 kop sultanas (rosiner)

50 g/2 oz/¼ kop blødt brun farin

Gnid smørret eller margarinen ind i melet, indtil det ligner brødkrummer. Tilsæt nok koldt vand til at blive blandet til en pasta (pasta). Rul ud og brug den til at beklæde en 20 cm/8 tommer ring med smurt bagepapir. Dyp æblerne i citronsaften og kom dem i gryden. Drys med rosiner og sukker. Rul den resterende mørdej ud og lav en rist over fyldet. Bages i en forvarmet ovn ved 190°C/375°F/gas 5 i 30 minutter.

Abrikos Kokos Marengstærte

Serverer 8

4 delte æg

100 g/4 oz/½ kop smør eller margarine, blødgjort

175 g/3 oz/1/3 kop ren honning

225 g/8 oz/2 kopper fuldkornshvedemel (fuld hvede)

En knivspids salt

450 g friske abrikoser, halveret og skåret (udstenet)

100 g/4 oz/½ kop strøsukker (meget fint)

175 g/6 oz/1½ kopper tørret kokosnød (revet)

Pisk æggeblommer, smør eller margarine og honning, indtil det er godt blandet. Bland mel og salt i, til det er glat og ensartet. Rul dejen (pastaen) ud på en let meldrysset overflade til en tykkelse på ca. 1/2 cm og kom den i en smurt form (kiks). Dæk med abrikoshalvdelene, skærsiden nedad, og bag i en forvarmet ovn ved 200°C/400°C/gasmærke 6 i 15 minutter.

Pisk æggehviderne stive. Tilsæt halvdelen af sukkeret og fortsæt med at piske til det er stift og blankt. Rør det resterende sukker og kokos i, fordel marengsblandingen over abrikoserne og sæt tilbage i ovnen i yderligere 30 minutter, indtil de er let brunede. Skær i firkanter, mens de stadig er varme.

Bakewell kage

For en 18 cm/7

Til makaroni (pasta):

50 g/2 oz/¼ kop smør eller margarine

100 g/4 oz/1 kop mel (alle formål))

30 ml/2 spsk vand

Til fyldet:

100 g/4 oz/1/3 kop jordbærsyltetøj (på dåse)

50 g/2 oz/¼ kop smør eller margarine, blødgjort

50 g/2 oz/¼ kop pulveriseret sukker (meget fint)

1 let pisket æg

Et par dråber mandelessens (ekstrakt)

25 g/1 oz/¼ kop selvhævende mel (selvhævende)

25 g/1 oz/3 spsk malede mandler

50 g/2 oz/½ kop skårne mandler

For at lave dejen skal du gnide smørret eller margarinen ind i melet, indtil det ligner brødkrummer. Bland i nok vand til at lave en pasta. Fjern formen og brug den til at beklæde en smurt 18 cm/7 cm form. Smøres med marmelade. For at lave fyldet, pisk smør eller margarine og sukker sammen, pisk derefter æg og mandelessens, tilsæt mel og malede mandler. Hæld marmeladen ovenpå og glat overfladen. Drys med skårne mandler. Bages i en forvarmet ovn ved 190°C/375°F/gas 5 i 20 minutter.

www.ingramcontent.com/pod-product-compliance
Lightning Source LLC
Chambersburg PA
CBHW071854110526
44591CB00011B/1405